阅读成就思想……

Read to Achieve

心理成长系列

养成自律的8个微习惯

轻松战胜自我放纵、拖延和惰性

THE ART OF SELF-DISCIPLINE

Beat Procrastination, Break Bad Habits, and Achieve Your Goals

[美] 金伯利·奥尔森◎ 著
(Kimberly Olson)

姜凤薇　肖艺 ◎ 译
蔡仲淮 ◎ 审译

中国人民大学出版社
· 北京 ·

图书在版编目（CIP）数据

养成自律的8个微习惯 ：轻松战胜自我放纵、拖延和惰性 / （美）金伯利·奥尔森（Kimberly Olson）著 ；姜凤薇，肖艺译. -- 北京 ：中国人民大学出版社，2023.2

书名原文：The Art of Self-Discipline：Beat Procrastination, Break Bad Habits,and Achieve Your Goals

ISBN 978-7-300-31268-2

Ⅰ. ①养… Ⅱ. ①金… ②姜… ③肖… Ⅲ. ①自律—通俗读物 Ⅳ. ①C933.41-49

中国国家版本馆CIP数据核字(2023)第007778号

养成自律的8个微习惯：轻松战胜自我放纵、拖延和惰性

［美］金伯利·奥尔森（Kimberly Olson） 著

姜凤薇 肖艺 译

蔡仲淮 审译

Yangcheng Zilü de 8 Ge Weixiguan：Qingsong Zhansheng Ziwo Fangzong、Tuoyan he Duoxing

---

出版发行	中国人民大学出版社		
社　　址	北京中关村大街 31 号	**邮政编码**	100080
电　　话	010-62511242（总编室）		010-62511770（质管部）
	010-82501766（邮购部）		010-62514148（门市部）
	010-62515195（发行公司）		010-62515275（盗版举报）
网　　址	http://www.crup.com.cn		
经　　销	新华书店		
印　　刷	天津中印联印务有限公司		
规　　格	130mm×185mm　32 开本	**版　　次**	2023 年 2 月第 1 版
印　　张	6.125　插页 1	**印　　次**	2023 年 2 月第 1 次印刷
字　　数	55 000	**定　　价**	59.00 元

前言

Preface

在我生命的大部分时间里，我一直都是一个非常有上进心的人，但直到我大学一年级的时候，我才意识到我要培养自律性了。没有人能帮助我，我只能靠自己一边完成繁重的课业，一边寻找工作。

当我忘记了自己的目标，或者没有每天坚持做我需要做的事来实现目标时，我会感到沮丧或失望。我的失败不是因为我能力不足或者没时间，而是由于我缺乏自律。

认识到了问题所在并没有让我感觉好一点，我最终陷入了一个恶性循环——失败时我会自暴自弃，然后屡战屡败。我没有意识到其实我正在进步，我只需要学会如何长时间保持专注，以获得实现目标所需的动力。

通过不断摸索，我变得很自律。我好像完全变了一个人：无论做什么事情，我都很有信心；我在设定目标、确定目标并全力以赴地实现目标的过程中发现了巨大的乐趣。我还学会了如何更好地观照自己，我的人际关系也得到了改善。

无论你是正按照自己喜欢的方式生活，还是想生活得更好，培养自律性都是获得你想要的成功的关键。自律可以帮助你专注于自己的目标，最大限度地减少外界的干扰，并在遇到困难时坚持到底，克服困难。你与生俱来的坚韧和勇气将成为你培养自律性的基石。

当你迈出了学习如何培养更多的自律习惯以及改变生活的第一步，我会为你感到骄傲。培养自律性的想法似乎会令你心生畏惧，但当你开始阅读本书时，你很快就会发现自律性是循序渐进地培养起来的，并且简单到你从今天就可以开始做出积极的改变。在生活中创造你想要的东西是你与生俱来的权力，有了实现它的方法，你将更容易获得美好的生活。

如何使用本书

我写这本书的目的是帮助你深入了解在培养自律性时对你最重要和与你最相关的方面，并获得好的结果。你可以从头读到尾，也可以先浏览各个章节，然后选择对你所处人生阶段而言最重要的内容来读。

这本书涉及健康、人际关系、金钱等话题，你可以获得解决你生活各方面问题的策略，并使用全面、有效的方法进行自我约束。

我还想提醒你的是，养成任何新习惯都需要时间，但这绝对是可以实现的。你正在阅读本书，因此我相信你是认真的，并且有动力在你的生活中培养自律性。你将受益于我在本书中分享的所有想法和建议，而且一旦你开始阅读本书，你就能够从积极的改变中受益。

重要的是要关注过程本身，而不仅仅是期望的结果，因为我们需要时间来体验自律带来的具体和持久的好处。阅读本书时提醒自己这一点，一定会让你受益匪浅。

目录

Contents

第 1 章

自律的人生更自由

我从不介意被约束。

我经常宁愿在家里度过一个安静的夜晚，也不愿去参加一场疯狂的派对。对我而言，自律一直是让我自由飞翔的基础。

朱莉·安德鲁斯

（Julie Andrews）

对许多人来说，“自律”这个词会让他们想起一种消极的情绪或形象。

在日常生活中，自律似乎很有挑战性，很难做到。然而，正如我将在本书中展示的，通过应用简单的策略，你可以实现任何你想要实现的目标，无论是个人目标还是职业目标。本书将有助于你消除对自律的常见误解。

设定目标的关键在于，即使你最初没有实现目标，你也还有实现目标的愿望；你会有一种不安的感觉，觉得失去了什么或者自己在某种程度上失败了。即使你成功了，新的目标也会不断出现。我在本书中介绍的一些简单、循序渐进的方法将让你和你身边的人终身受益。我相信，当你发现我的这些方法是如此容易理解时，你将能够在你的生活中养成自律的习惯，并立即开始看到变化。现在，让我们开始吧！

自律能带给你什么

在与客户合作时，我发现让他们关注所得而不是所失对他们很有帮助。当你变得自律时，你会更加自信，获得更多的幸福感和富足感，并更有动力去设定新的目标。获得重大成就的感觉会影响你生活的方方面面，所以自律对人们的生活质量有如此积极的影响也就不足为奇了。以下是自律其他的积极作用。

减少焦虑

培养自律性可以减少焦虑，你会更容易掌控自己的生活，因为大部分焦虑都来自过度担忧、缺乏自信、压力以及对日常选择的不满。自律会让你的生活少一些未知数。你会明确自己的目标，并制订一个可靠的计划。你会更专注，并下定决心远离焦虑。

改善健康状况

当我们想到去健身房运动或开始新的节食计划

时，“自律”这个词会立即浮现在我们的脑海中。没有它，我们可能会睡懒觉、吃快餐，很快就放弃我们的健康目标。通过自律练习，你会长期坚持运动或执行计划，直到看到结果，即使这些结果只是让你感觉你的衣服宽松了一点或者你更有精力了，这也足以让你坚持下去。

拥有更积极的人际关系

刚开启一段新关系时，你会很有动力，例如准时到达约会地点或者按照约定给对方回电话。但随着时间的推移，保持这种主动性可能就变得有点困难了。当你难以履行你的承诺时，这不仅会给你身边的人留下不好的印象，而且会让你对自己产生怀疑。培养自律性可以让你变得可靠，成为一个信守承诺的人。

让你的适应力更强

与在健身房运动类似，练习自律也需要锻炼“肌肉”。你越是自律，你就越容易上道。

你练习得越多，你保持自律和坚持目标的能力就越强。你会开始发现，秘诀就在于坚持，即使事情并不像你想象的那么容易，因为你会体验到实现目标是多么地了不起。

感觉更快乐、更充实

我有过一段不够自律的经历，这段经历并不有趣。我感觉很沮丧，无欲无求。当我开始更自律时，我变得更快乐，也更有目标感。我还发现我开始更加精力充沛地追求我的目标，因为我知道我可以坚持下去，直到目标实现。你也会有这种感觉！

自律是什么

自律，也被称为意志力，就是你言出必行的能力，简单地说就是自控。关于自律，我最喜欢的一点就是它是可以学习的。尝试失败是很正常的。好消息是，你现在已经准备好学习如何在生活中实现自律了。

习得行为

你目前生活中的习惯都是后天习得的行为。有时这些习惯是你从你的父母或生活中的其他权威人物，甚至是亲密关系中的密友或伴侣那里学来的。但是任何已经学会的东西都可能被忘记。

忘记最重要的步骤之一是找到你生活中目前对你没有用的习惯，这也是你将从本书中学会的。一旦你找到了这些习惯，你就可以用积极的、更有益的习惯来取代它们，并制订一个计划，让这些积极的、更有益的习惯永远成为你生活方式的一部分。

延迟享乐和及时享乐

在你阅读本书的过程中，你将做出的最大转变之一就是看到延迟享乐和及时享乐的价值。例如，假设你的目标是自学通过认证考试。你决定每晚抽出 30 分钟时间来学习，而不是和你的伴侣一起追剧。30 分钟的学习结束后，你可以随便追剧！通过延迟享乐，你将实现你的目标并通过考试。你这样做的次数越多，在类似情况下就越容易做出更好的选择。

战斗或逃跑

当你尝试做一些没做过的事情时，你可能会感到不自信，这可能会触发你的战斗或逃跑反应。由于在大多数情况下，你的身体无法对变化做出良好的反应，因此这种反应旨在保护你。当你感到抗拒或者焦虑的时候，你可以将它视为你的战斗或逃跑反应，去了解它的真实情况。当你的想法对你不利时，这种反应通常会帮助你改变你的想法。提醒自己你的目标是什么以及为什么它对你很重要。你会意识到实现目标会变得越来越容易，而且战斗或逃跑的反应也会随着时间的推移而减弱。

自律不是什么

想想你在生活中了解到的所有关于自律的负面描述，无论它们是来自电影还是来自你现实生活中的经历，难怪大多数人都没有正确理解自律的真正含义。但我要给你一个提示：如果某种描述是负面的，那么它一定是不准确的。一旦人们养成了自律的好习惯，他们就会感到更快乐、更幸福。

羞耻不是自律

如果你是一个因不自律而感到羞耻的人，或者你目睹了别人有类似的经历，那么我可以肯定地告诉你，感到羞耻既不恰当也没什么用。如果你因为没有完成某件事而受到惩罚或谴责，那么你可能会感觉更糟。你不会在宠物情绪低落时惩罚它，对于那些仍在培养自律性的人来说也是如此。这包括你对待自己的方式、你对自己的想法，以及你大声说出的话。要明白，你正在培养自己的自律性；你的目标并不是让自己变得完美，而是变得更好，这样你会更有满足感，更有信心。不去想羞耻与自律之间的任何关系，这样你就可以迈出正确的一步。

自我否定不是自律

另一个关于自律的常见误解是它意味着自我否定。例如，人们很容易认为，如果你想减肥，你就不能吃比萨饼了，或者如果你想升职加薪，你就必须努力工作，连陪伴家人的时间都要牺牲掉，但事实并非如此。培养自律性就是让你自己来决定你在生活中需要什么、不需要什么。作为一名营养学家，我知道要保持健康的体重和健康的饮食习惯，而不用否认自己的任何东西。

我大部分时间都吃有营养的食物，但偶尔吃一块饼干时不会想来想去。通过保持这种平衡，我更有可能坚持我的健康饮食计划，而不是从来不吃甜食和脂肪含量高的食物。当你否认自己想要的东西时，你总会想着反抗。通过保持健康和合理的意志力，你将能够坚持自己的目标，而且从长远看，你会更快乐。

重塑你的大脑

人的大脑是惊人的。多亏了神经可塑性科学，让我们知道我们的行为可以改变我们大脑中的神经通路。当你养成新习惯时，支持这些新习惯的神经元会通过重复的行为得到加强。随后，不支持你的神经连接会被移除。这对你来说意味着当你持续培养一个新习惯时，你会更容易坚持下去，你的能力会变得更强。

假设你想学习弹钢琴。你每周上一次课，但至少需要练习三次。一开始，你一想到练琴可能就觉得很烦，因为这是一个新习惯。然而，当你变得自律，你会发现你练琴的次数变多了。一开始，你可能要强迫自己去练琴，但后来你大脑中的神经通路会助你一臂之力，你不必强迫自己而是主动去练习了。最终，你会非常享受并期待练琴。

目标设定

通常情况下，设定目标似乎会令人生畏或不知所措，但我有一个非常简单的策略，可以帮助你克服这些困难。首先，准备一个日记本或笔记本。研究表明，手写能让写下的内容与我们的潜意识建立更深的联系，在潜意识中，一切都在我们的头脑中自动运行。现在，请写下 3 ~ 5 个你的首要目标，即使你以前曾经尝试过设定它们，但没有完成。你会在下面的章节中用到它们。

找出你的挣扎

有了目标，让我们遵循以下建议来帮助你确定你过去经历过的障碍或问题，这些障碍或问题可能会再次出现。你会努力突破这些障碍和解决这些问题，并获得实现目标的真正动力。重要的是要记住，你的过去并不能定义你，而且如果你没有合适的工具，那么设定目标却没有实现它们是完全正常的。找到你没有实现目标的原因可以让你制订一个新计划，让你的新目标成为现实。

成功看起来是什么样子？当你设定新目标时，确定什么是“成功”对你来说很重要。明确定义成功可以让你确定自己是否实现了目标或正在朝着目标前进。例如，也许你的目标是不停歇地跑 1000 米，那么你衡量成功的标准可以是你离目标有多近。有多少次你设定了一个目标，却因为没有实现它而放弃了？你可能比你意识到的更接近目标，但如果没有切实可行的方法，你就没有真正的方法来监控你的结果。

是什么阻碍了你？有仍然想实现的目标完全是

正常的，你可能太早放弃了，或者甚至没有尝试去解决问题。为了帮助你摆脱之前的消极情绪，我希望你问问自己："是什么阻碍了我实现目标？"是时间不够，还是缺少资源或策略？也许你需要摆脱一些有局限性的想法，才能意识到你实际上可以让这个目标成为现实，并找到你所需要的支持！你可以寻求帮助，不要试图单独行动。

不要等到感觉对了才去做。我过去在健身俱乐部做会员销售时，我总是惊讶于那些客人来参观时会提到他们已经考虑来这里几个月甚至几年了。这个考虑阶段被称为意向阶段。你当然需要时间来考虑是否设定一个新目标并开始行动，但我建议你立刻开始，而不是等待完美的时机。完美的时机绝对是一种错觉，它只会让我们止步不前，甚至无法开始。

从小事做起。我不知道你是怎么想的，但是当我沉迷于思考实现目标所需要付出的一切时，我会被打败，我甚至不想开始。然而随着时间的推移，我学会了把我的“大”目标分解成更小、更易于管理的小目标。例如，假设你想学习一门外语，但当你看到他人能用这门语言流利地交谈时，你可能会不知所措，并认为自己做不到。相反，最好从小事做起，将你的目标设定为有能力与他人进行基本的交谈。

练习，失败，重新开始。作为一个正在恢复的完美主义者，“失败”这个词在相当长的一段时间里让我对自己产生了最糟糕的感觉。但后来我发现了“前进性失败”的概念。如果你根本不去尝试实现你的目标，你就会原地踏步。如果你迈出第一步，并开始朝着你的目标努力，但碰巧失败了，你仍会比你根本没有付出努力走得更远。失败乃成功之母。请你勇敢面对失败。

原谅自己。如果你没有按照你想象的方式生活，你很容易因此责怪外部环境或人。但如果你对自己足够诚实，你很可能就会意识到这真的取决于你自己。与其为你目前的生活方式而自责，不如原谅自己，并告诉自己，你已经在现有的条件下做了最大的努力。幸运的是，我在这本书中介绍了很多简单的方法，你可以付诸实践，并取得一些真正的进步，这样你就可以激励自己，而不是对自己失望。专注于积极的方面，其余的自然会水到渠成。

衡量进步。如前所述，在这个过程中，甚至在你开始朝着目标努力之前，设置可衡量的小目标对长期成功至关重要。以考大学为例。努力读书多年才能得到回报，这种坚持看起来真的很难。但是在这个过程中，每次考试都让你看到了成果，你就有了前进和坚持的动力，并且可以看到自己正在取得的进步。创建一些可视化的东西（如清单、表格），记录下你在朝着最终目标前进的过程中所付出的努力。

奖励自己。人们经常过快地放弃他们的目标，甚至根本不去尝试实现目标的最大原因之一是，他们没有奖励自己。你需要承认自己在实现目标的过程中所取得的进步。你是否曾经有过完成一个目标后却感到失望的经历？这可能是因为你没有得到任何正面的强化。如果之前你在实现目标时没有获得任何奖励，那么每次你想到一个新目标时，你的潜意识就不会对它们感兴趣。所以好好奖励自己吧！你可以做一些小事，比如去吃一顿大餐或者做一次 90 分钟的按摩。

对不舒服感到舒服

为了帮助你更容易接受失败，并理解尝试新事物的不安，我想让你做一个重塑练习。在你用来列出目标的笔记本上，写下你对无法实现目标的恐惧。现在，写下当你需要采取必要行动来实现这些目标的真实感受。

例如，你可以写下：

我的恐惧：如果我无法实现我的目标，我会很尴尬。

积极的重塑：虽然我可能会犯错，甚至会失败，但我能从失败中吸取教训。我仍将取得进步，我会因自己为实现目标而付出的努力感到自豪。

尽可能多地写下未经判断就出现在脑海中的想法。

前进之路

如果你还没有这样做，你就应该看看本书所涵盖的内容，看看你可以在哪些方面培养自律性。理想情况下，你会坚持并相信这个过程。但我也明白，你可能想优先处理生活中一些紧急的事情。因此，你可以根据需要跳过一些内容。但是，为了确保你能为未来的生活制订一个全面的计划，请试着阅读所有内容。你可以在日记中记录你的进步，甚至可以在本书开头的目录中勾选出你想阅读的章节。

第 2 章

习惯 1：健康生活，懂得张弛有度

每天做一些对你的身体有好处的事情，让你有机会享受身体的感觉。

戈尔达·波列斯基

（Golda Poretsky）

在本章中，我们将一起关注健康。健康是一切的起点，因为要想实现你的目标，你就需要有精力、动力、耐力和健康的人生观。谈到健康，你需要养成良好的习惯。

你有没有试过在一天结束或下班后，当你感觉筋疲力尽、睡眠不足、饥肠辘辘时去锻炼身体？这可能让你感觉很糟糕。但为什么这么难呢？答案很简单：你没有把照顾好自己放在第一位。有了好身体，你才可能在生活的许多其他领域获得更大的成功。请记住，建立健康的生活方式并不是要逼迫自己或限制自己做什么，而是要更好地照顾自己。

睡眠的黄金链

晚上睡个好觉是你能为自己和提高生活质量所做的最好的事情之一。你可以有最好的打算，但如果你一直处于疲劳状态，那么你几乎不可能完成任何事情。培养与你身体的自然节律保持一致的睡眠习惯，不仅能让你照顾好自己，而且可以给你带来能量，这种能量能让你以最好的状态度过每一天。

除了良好的睡眠带来的明显且积极的影响外，你还可以通过改善睡眠体验到意想不到的好处。研究表明，睡眠可以提高免疫力以及新陈代谢、记忆和吸收新信息的能力。这或许就可以解释为什么当你睡眠不足时，你在学习或工作时很难集中注意力了。另一方面，意识到睡眠不足带来的可怕的负面影响也很重要。习惯性睡眠不足会导致严重的健康问题，如肥胖、心脏病、高血压和糖尿病。所以，保证充足的睡眠是你保持健康的最佳防御方法之一。

方法 1：调节你的睡眠 / 觉醒周期

如果你经常熬夜，那么请你尝试在你理想的就寝时间至少 30 分钟之前关掉所有的电子设备（包括手机）。电子设备发出的光会刺激你，扰乱你的自然睡眠 / 觉醒周期，使你更有可能熬夜，或者在不需要的时候睡懒觉。可以考虑做一些轻微的伸展运动，读一本书，或者泡个澡，让你的大脑慢下来，让你的身体放松。一开始你可能会觉得很不适应，但坚持下去，很快你就会发现自己在一天中最渴望这个神圣的时刻。

方法 2：记录稀奇古怪的想法

在床边放一个记事本，记下你入睡前出现在你脑海里的任何事情。把它们写下来可以放松你忙碌的大脑，让你更平静地进入睡眠。在现代快节奏的生活方式下，你可能会一直忙个不停。当你以这种方式生活时，即使你很疲惫，并且需要休息，你也会迫使你的身体靠肾上腺素运转。这就是臭名昭著的“恢复的精力”（second wind）的由来。在能量爆发之前，你所经历的疲劳是你当前状态的真实反映；然而，当你累了，却还强迫自己继续前进时，你的身体就会适应，并让你放弃休息的想法。同样，你的大脑可能并不想在你该睡觉的时候停止运转。写下这些想法可以帮助你整理思路，然后让它们散去，为平静和恢复元气的睡眠铺好路。

方法 3：在舒缓的声音中醒来

改掉睡懒觉的习惯，把闹钟放在强迫你起床的位置。不要把闹钟调得太响，选择声音逐渐变大、能轻轻唤醒你的音乐。尝试尽量早点上床睡觉，直到你能让你的身体在不需要闹钟的情况下自己醒来。你的睡眠分为浅睡眠周期和深睡眠周期，理想情况下你应该从浅睡眠周期中醒来。当你处于深睡眠周期时，如果你用非常响的闹钟强迫自己醒来，你的睡眠质量就会非常差，这肯定会影响你一整天的情绪和精神状态。不妨试着使用 Sleep Cycle

等 App，来掌握你的自然睡眠模式。

滋养你的身体

重新评估你对食物的看法将改变游戏规则。与其给食物贴上“好”或“坏”的标签，不如考虑转变你的观念，将食物视为滋养身体的营养。当你发现选择能给你提供一整天所需能量的食物与获得活力和兴奋之间的联系时，你很快就会看到积极的结果。你会有动力继续以这种方式看待食物，直到这成为你的习惯。虽然你看不到细胞，但当涉及你的健康时，它们的健康就是一切。通过了解有关水果和蔬菜等营养食品的基本知识，你将更好地做出更明智的选择，并将这些营养食品纳入你的饮食。你已经知道你需要吃得更好，但当你有意识地选择能在细胞层面上专门滋养你身体的食物时，你其实是在滋养自己。知道你正在做出更好的选择来帮助身体的正常工作，可以消除你关于食物的一些消极情绪。请记住，你的目标是更好的选择，而不是完美的选择。

方法 1：遵循 80/20 法则

我相信你一定听说过 80/20 法则，它可以应用到你生活的任何领域。在个人健康方面，你可以这样应用这一原则：80% 的时间选择吃健康、天然的食物，剩下 20% 的时间允许自己想吃什么就吃什么。我发现，在饮食选择方面，如果你试图全部接受或者全部否定，如果你完全偏离了你的计划，那么你就更有可能完全放弃计划。遵循 80/20 规则将帮助你保持正确的方向，而不是试图做到完美。

为了做到这一点，你可以在任何地方使用 80/20 法则，无论是在家里、在工作聚会上，还是在餐厅里，关键是你要提前计划。例如，如果你在餐厅吃饭，你知道要点你最喜欢的牛排，那么你可以提前点一份色拉，并选择一些蔬菜作为配菜。或者，如果你在一个更放松的环境中（比如家里）吃饭，你就可以根据盘子的大小，尽量让 3/4 的食物都是有营养、对身体好的食物。

请记住，你想吃的食物既能帮助你有精力朝着目标努力，又能让你享受其中。

方法 2：快乐的星期天

虽然你可以选择在任何一天准备一周的饭菜，但周日是做这件事的好日子。你可以用这一天来计划你这周的饮食，购买你可能需要的食材。因为晚餐通常比较复杂，所以提前计划好是很有帮助的。另外，你可以准备好早餐和午餐所需的主食。最重要的一点是，试着在每天晚上睡觉前为第二天做好准备，并打好包，这样你就不会因为冰箱里什么都没有而在早上手忙脚乱，或者说服自己去外面吃饭了。

方法 3：摔倒了就爬起来

现在，让我们严肃点，我们正在谈论食物。你很有可能在某个时候吃得不那么健康，无论是因为放纵的假期，还是因为一次聚会。大多数人都倾向于说“算了吧”，然后认输。他们告诉自己，他们只是暂时不具备遵循更健康的生活方式的条件，总有一天他们会再次尝试。请你不要放弃；相反，你应该在你的下一顿饭中继续吃一些干净又有营养的东西，如蔬菜煎蛋卷、绿色奶昔，或者加入了精益蛋白质的炒蔬菜。

运动

为了真正提高你的身体素质，让我们看看做些什么运动能让你的表现更好。运动可以为你的大脑提供更多的氧气。让我们回想一下第 1 章中关于神经可塑性的讨论，氧气的增加将有助于加强积极的神经通路；反过来，这将支持你培养自律的能力。运动还有助于你提高专注力、获得更多能量和提高抗压能力。

增加运动的另一个好处是，它可以帮助你的身体释放一种叫作内啡肽的令人“感觉良好”的化学物质，这种物质能自然地促进情绪的改善。运动还可以让我们的睡眠模式恢复正常，让我们得到更充分的休息，更好地管理日常生活。

方法 1：多一些运动

寻找增加日常活动的方法。例如，把车停在离商场较远的地方、步行、走楼梯而不乘电梯，或者站着而不是坐着打电话。美国运动协会（American Council on Exercise）的运动生理学家皮特·麦考尔（Pete McCall）认为，那些白天积极运动的人每天可以额外燃烧 300 卡路里，12 天后，他们能额外减掉一磅体重。仔细想想，你的身体会按照你训练它做的去做。如果你从需要经常走动的工作（比如服务生）换成坐在办公室中接电话的工作，你可能会发现自己更容易适应后者，这意味着你更倾向于久坐的生活方式。万事开头难，当你刚开始适应一种更积极的生活方式时，请你记住这一点。坚持下去，最终它会成为你的新习惯。

方法 2：找到你喜欢的运动

当你和你的孩子或朋友玩一场即兴的追逐游戏时，你是否发现自己笑得很开心、玩得很开心？找到你喜欢的运动也会给你同样的感觉。寻找一些短期的成人项目，如冬季排球或保龄球，允许自己尝试一下，看看你最喜欢什么项目，放弃那些你不喜欢的项目。

制订一个有明确的开始时间和结束时间的计划也很有帮助，这样你就可以在开始之前做好心理准备。做一个真正的承诺（比如报名参加一个从离开沙发到跑 5000 米的项目，或者参加一次半程马拉松的训练）可以帮助你坚持下去、不会半途而废，即使你最初的兴奋感会消失。

方法 3：找一个负责任的伙伴

当朋友们一起报名参加一个项目或一起在小区里散步时，他们比单独一人行动更有可能坚持下去，这一点也不奇怪。当你尝试独自运动时，没有人知道你是否会放弃。但如果你有一个负责任的伙伴，那么他一定会在你快要迟到时给你发短信。此外，当你执行一个计划时，有一个人一直鼓励你是非常值得珍惜的，你也可以为他做同样的事作为回报。当有人依赖你时，你会变得不一样，不是吗？

如果你心中没有合适的人选，那么你可以在线上或线下寻找各种形式的课程。你当地的健身俱乐部可能有私人教练和健身课程，教练可以与你一起运动，并帮助你坚持下去。你还可以寻找线上课程，这对你来说可能更方便，而且可以获得相同的效果。

改掉坏习惯

这本书并不是要唠叨，而是希望引导你带着对人生的美好愿望走上自律之路。话虽如此，但如果你正在尝试改掉生活中任何的坏习惯，如酗酒、吸烟，甚至吸毒，那么我会鼓励你向治疗师寻求额外的帮助。获得你需要的支持是很有必要的，因为单靠你自己很难改掉坏习惯。

当你想改掉任何一个坏习惯时，你都很容易自暴自弃和看不上自己。然而，这解决不了问题，还有可能让你染上其他坏习惯；相反，你应该承认你可能正在与一种成瘾行为做斗争，并且给自己一些宽容。这并不是让你允许自己坚持坏习惯，而是通过减少内疚感、多同情自己来更好地恢复自控力。记住，在你的生活中，你可以有一个最周密的计划来自律，但一个具有破坏性的坏习惯会让你完全偏离你的目标。只有将改掉生活中的这些坏习惯作为你的首要任务，你才有可能获得自由。

方法 1：确定触发因素

如果你已经养成了一些坏习惯，那么很多时候可能会有一些触发因素让你走下坡路。例如，当你从一天漫长的工作和令人烦躁的通勤中回到家，你可能有走进厨房、打开一瓶葡萄酒的习惯。一旦你确定了触发因素，就可以先试着找到一种方法来打破触发因素（即工作和通勤）与习惯之间的联系。例如，你是否可以在回家的路上去健身房放松一下，释放一下压力？或者你是否可以邀请邻居在你每天一到家时就与你一起散步？这样你就可以改掉一回家就进厨房的习惯。

方法 2：给自己一些暗示

你可能需要一些时间来熟练应用这个方法，但它有助于你克服坏习惯。每天早上，拿出你的笔记本，写下你想成为什么样的人。把它写下来，就好像它已经变成现实了。你可以这样写："我希望我能在一天中做出正确的选择，克服那些对我没好处的坏习惯。"然后想象自己成了你想成为的那个人，想想你将如何度过你的一天。关注你想要的，而不是你不想要的。当你想象时，请保持微笑并感到满意，假装你已经成了你想成为的那个人。如果你以前没有试过这样做，那这个过程看起来可能会有点奇怪，但我保证，这真的是一种魔法。

方法 3：寻求专业人士的帮助

如果你曾经尝试多次想改掉一个坏习惯，却都以失败告终，那么我建议你寻求专业人士的帮助。有很多非常有效的治疗方法，如认知行为疗法（cognitive behavior therapy，CBT），它已经被证明能有效地帮助人们改掉坏习惯或摆脱消极的思维模式。

认知行为疗法植根于这样一种信念：你的想法会创造你的情绪，并影响你的行为。它能帮助你重构你的想法，通常涉及改变你习得的无益行为。美国心理学会（American Psychological Association）的研究已经证明，认知行为疗法可以显著改善身体机能和生活质量。你可以寻找你所在地区的专业人士，或者问问周围的人是否有推荐。

习惯循环

说到习惯，大脑中有一个实际的结构来负责它们如何工作。让我们来分析一下。

1. 提示或触发。在你的日常生活中，有一些特定的触发因素会提示你大脑中的习惯循环开始。

2. 行动。在习惯循环的这一部分，无论你是否知道这是一个好的选择，你都要采取行动。

3. 奖励。为了关闭习惯循环，当愉快中枢被刺激时，你的大脑会兴奋起来，并因为采取了想要的行动而得到奖励。

4. 大多数坏习惯都有一个内在的奖励系统，不需要你做什么。要想改变这些习惯，请循序渐进。

5. 从小事做起，专注于每天做出好的选择。如果你发誓永远不做某件事，你的大脑可能就无法处理这条指令。

6. 为了坚持新习惯，你可以把它分解成小块任务。就像你不会在马拉松训练的第一天就跑 40 千米，你可以从更现实、更可以实现的目标开始。

7. 如果你尝试做某件事却失败了，那就不要再做了。在养成新习惯的过程中，要关注什么是有效的，什么是无效的。

8. 对这个过程要有耐心。你不可能在第一天就养成新习惯。习惯需要时间才能完全融入你的生活。坚持下去才能实现长期的、积极的改变。

前进之路

对我们大多数人来说，自我照顾被放在待办事项的最后一项，但其实它是最重要的一项。当你照顾好自己的时候，你才有精力去实现你的目标，过你想要和属于你的生活。请记住，要将睡眠、个人健康和运动作为你自律计划中不可或缺的一部分，并在前进的道路上用小的成功里程碑来记录你的进步。这需要时间。如果你觉得你好像前进了两步，又后退了三步，那就给自己几天时间，然后重新评估你的进步。有时候，当你尝试养成新习惯时，倒退是很常见的，但请你不要停止尝试。

第3章

习惯2：管理好自己的情绪，懂得自我克制

我们的思想会影响大脑的关键活动，会影响一切。感知、认知、思想感情、人际关系，它们都是你的投影。

狄巴克 · 乔布拉

（Deepak Chopra）

当你想到你曾经偏离目标的时候，你很可能会准确地说出一种情绪反应，无论是好的还是坏的，它都会让你决定对你的目标视而不见。当你设定目标时，你使用的是逻辑，但在日常生活中，你的情绪可能会让你失控，让你无视自律。在本章中，我们将探索正念的技巧，帮助你更好地控制你的情绪和应对不良情绪（如悲伤、愤怒或担忧）。正念是一种你可以学习和培养的技能，它能够让你更好地管理情绪。

练习正念

为了在实现你为自己设定的目标和在生活中培养自律等方面取得长期进展，你需要把正念融入日常生活中。你不能简单地“希望”自己能更专注当下或下决心这样做；你需要付诸行动，直到它成为你的第二天性，并在你的日常习惯中根深蒂固。此外，当你练习自律时，你的情绪可能比你在生活中的其他时候更强烈，所以拥有练习正念的技能可以很好地帮助你克服困难，回到正轨。

如果你以前从未接触过正念练习，那么对它有一个基本的了解可能对你有所帮助。正念是当你真正活在当下，注意自己的感受，但不做出反应或评判时所达到的心理状态。这是一种评估你的行为方式、你的想法以及由此产生的任何反应的方式。我们大多数人都没有活在当下，因为我们大部分时间都在思考过去或担心未来。正念练习所做的就是有力地把你带到现在，专注当下。当你意识到你的感受，并能注意到是什么想法或触发因素导致你有这些感受时，你就更容易练习情绪调节了。你也可以挑战一下自己，问问自己这些想法是否真的合适。当你从正念练习中获得洞察时，你才能够真正地改善你的情绪。

方法 1：挑战你的想法

每当你注意到自己有消极情绪时，你可以挑战这种想法。问问自己，有什么证据表明这个想法是正确的？我们的大多数想法都是习惯性的，通过使用这种方法，你可以打破这种习惯形成的模式，重新连接你的大脑，并以不同的方式做出反应。例如，如果你总觉得自己效率很低、什么事都做不成，那就挑战一下这种想法，把你当天完成的所有事情列出来，无论是大事还是小事。这会让你意识到，你实际上是很有效率的，然后你就可以更专注地去思考如何调整你一天的安排，让你的效率更高，让你真正有成就感。

方法2：活在当下

大多数情况下，你可能都在思考过去或担心未来。活在当下并不是一种普遍的做法。使用这个方法时，你需要练习更加关注你周围的一切。你可以静静地坐在一张舒适的椅子上，不受任何干扰，包括你的手机或其他人，而只注意你的所见所闻。真正关注你周围容易被你忽略的声音，例如冰箱运转的声音或者邻居日常生活的声音。此时，你内心的感受是什么？你胸闷吗？你的呼吸短促吗？不要对你听到的做任何判断，只是观察即可。这种方法可以训练你的大脑专注于当下，帮助你应对过去或未来的消极情绪。

方法 3：提升情绪

使用这个方法时，你应该持续关注你的情绪，不要给它们贴标签，努力让自己每时每刻都感觉好一点。例如，如果你感到悲伤或沮丧，那就看看你能做些什么让自己快乐一点。如果你感到愤怒，那就看看你能做些什么让自己进入一个更积极的状态，或者找一个合适的出口来发泄一下。跟着你最喜欢的歌曲跳舞，打电话给一个肯定会让你振作起来的好朋友，甚至快步走，这些都是可以帮助你提升情绪的好方法。站在局外人的角度来看问题，看看你是否可以从你自然感受到的情绪中消除一些消极情绪。另一个选择是寻求一个值得信赖的朋友的支持，请他从中立的立场来帮助你缓解你的情绪。当你使用这个方法时，你被情绪牵着走的情况将得到改善，因此这将为你提供努力实现目标的动力。

冥想

根据医学博士狄巴克·乔布拉的说法，我们的思想影响着我们生活中的一切。作为世界上最著名的冥想老师之一，他已经帮助数百万人用冥想的力量控制了他们自己的思想。与其他技能相似，冥想是一种练习，找到方法并轻松地将其融入你的生活会让你养成冥想的习惯。我建议你放弃任何关于冥想的先入为主的观念，因为人们往往对它有误解；相反，要对它可能对你生活产生的积极影响持开放态度。

方法 1：从头开始

如果你对冥想很陌生，那就从每天练习 3~5 分钟开始，然后慢慢进行更长时间的练习。美国心理学会进行的一项研究表明，一次 15 分钟的冥想能减少 22% 的走神现象。以冥想开始新的一天是一种很好的做法，因为如果你等到“有时间”，你很可能就不会把冥想作为优先事项。你可以使用 App 寻找基础训练课程，可以选择 3 分钟、5 分钟或 10 分钟的课程。你还可以搜索各种视频课程。保持开放的心态，发现喜欢的视频就保存下来。

方法 2：允许想法的存在

刚接触冥想的人最常见的困难是他们无法让自己静下心来。然而，冥想的一个关键原则是“允许”想法的存在，而不是试图阻止它。专家的建议是，你要努力注意到你的想法，而不是试图控制它们。把它们想象成美丽的蓝色天空中白色的、蓬松的云朵，只是轻轻飘过。不要对你的想法或你自己做出任何判断。当你走神时，慢慢地把你的注意力转移到你的呼吸上，随着时间的推移，你会发现你不会在冥想练习时胡思乱想了。

方法 3：让冥想成为一种仪式

如果你以前从未做过冥想，那么你可能需要一些时间来适应，但是随着时间的推移，你的坚持会让你体验到积极的好处。那些坚持练习的人说，他们的幸福感增强了，他们对生活也有了更积极的看法。为了更好地帮助你开始，让你的冥想练习成为一种仪式。找一个舒适的地方坐下，确保你是温暖的，你的周围很安静。你可以点些蜡烛或香。试着每天在相同的时间、相同的地点练习冥想。你的潜意识会开始认同这个仪式。这将使你更容易培养自律性，使冥想成为你日常生活的一部分。

感恩

心怀感恩是我最喜欢的哲学之一，它可以很好地帮助你培养自律性。当你专注于你所拥有的东西时，你自然而然会感觉更好，这可以带来积极的情绪，使你的想法更有益。这些想法会变成你的行为。当你有意识地心怀感恩时，这可以改变你的人生观，提高你实现目标的能力。

从一些小事做起，例如为自己衣食无忧而心怀感恩。无论何时，哪怕只是一个小小的幸福（如陌生人的微笑或一个刚刚好的停车位），你都要心怀感恩。当我们能注意到这些小幸福时，我们可能会吸引更多的幸福。此外，我最喜欢的方法之一就是找到一种方法，利用感恩的态度来扭转消极的局面。例如，假设你遇到了交通堵塞，上班迟到了。与其生气和沮丧，不如心怀感恩，因为你有车开、有工作、有收入。最开始这可能看起来很傻，但如果你能乐在其中，你就会开始以不同的方式看待每一种情况。

方法 1：每天写感恩日记

与其带着忧虑和压力开始新的一天，不如心怀感恩地开始新的一天。尽可能多地想一些值得感恩的事情。想想你生活中遇到的人，想想你的衣食无忧，想想未来让你感到兴奋的事情，以及任何你能想到的事情。理想情况下，你可以在早上进行冥想练习时做这件事，但这不是必须做的。无论何时，只要你愿意这样做，你都可以花时间去感恩，但是将感恩作为你日常生活的一部分对于长期成功至关重要。

方法 2：采取感恩的态度

你可以使用这个方法把你当前的消极情绪转化为积极情绪。例如，你的网络或者有线电视出问题了，你正在打电话与运营商沟通，通话时间比预期要长，那么你可以试着想想，至少有人能帮助你解决问题，你应该心怀感恩。这种想法可能看起来微不足道，但你的潜意识会专注于此。你越是关注积极的一面，你就越能注意到生活中积极的事情。当你通过培养自律来改变你的心态时，心怀感恩可以改变你的一天。

方法 3：付出就会有回报

有了这个方法，你将学会善待他人。当你不再关注自己时，你就会把注意力从自己身上转移开，去寻找帮助他人的方法。你有没有注意到帮助他人走出困境的感觉有多好，尤其是在他们没想到的时候？当你努力付出而不是索取时，你实际上会得到更多。这个方法看起来可能有悖常理，但它确实可以让你在生活中得到更多。你花在感恩和给予他人上的时间越多，你的情绪、思想和行为就会越积极。这种积极的状态将成为你解决生活中各种关于自律问题的动力。

培养心怀感恩的习惯

拿出你的日记本，从写下至少三至五件你在生活中心怀感恩的事情开始培养感恩的习惯。你可以从感谢你的身体开始，感谢它在一天中为你所做的一切。然后，你可以感谢周围的环境，想想你在家里、工作中拥有的东西，等等。再想想你生活中的人，你需要感恩的事情很可能不止三五件。我还喜欢对我正在努力实现的目标以及我目前取得的进步心怀感恩。你可以写下你想到的任何事或任何人。

独处

如果你一直在为接纳自己或花时间独处而努力，那么你并不孤单。自律的一个重要方面是学会爱自己和了解自己。爱自己会影响你的信心和你实现目标的信念。你越了解自己，越爱自己本来的样子，你就越有能力在生活中培养自律性。

当我们与他人打交道或浏览社交媒体时，我们可能很难调节自己的情绪或处理任何我们需要处理的事情。一直忙碌并不一定是一件好事。花时间独处并自省是有益的。此外，当你花大量时间社交或上网时，你可能会下意识地拿自己和别人做比较或接受他人的原则和习惯。当你选择让自己与众不同时，你能够增强你的个性意识，并实现自我成长。如果你没尝试过这样做，那么你可能需要尝试一下。自己出去吃午餐或看电影，一开始你可能会感到不舒服。一旦你学会了独处，你就会发现独处可以让你更自信。

方法 1：使用肯定句

使用那些用现在时态描述你自己的肯定句。当你用现在时态说这些话时，你就好像在说它们已经是事实了，因此这会改善你对自己的固有想法。虽然适应这种方法需要时间，但你应该从每天写或大声说肯定陈述句开始。你甚至可以用一个名为 ThinkUp 的 App 记录它们，并为它们添加音乐，以方便随时播放。常见的肯定句包括“我很自律”“我很勤奋”“我很善良”“我很有动力”“我很成功”。如果你需要一些启发或者提示，只要在搜索引擎上随便一搜，你就可以找到很多不同主题的肯定句。

方法 2：改变消极的想法

即使你可以练习冥想和心怀感恩，对自己有消极想法也是完全正常的，关键是要识别出这种想法并立即改变它。例如，如果你认为自己总是暴饮暴食，而且永远减不了肥，那么你可以改变这种想法并默默地告诉自己："我正在努力养成更健康的习惯，吃一些健康、有营养的食物。"通过使用这种重新制定方向的方法，当你专注于你做对的而不是错的事情时，你将学会爱自己。

方法 3：说出你的想法

对大多数人来说，说出自己的想法可能真的很难。如果你一直是一个喜欢讨好别人的人，那么这绝对是一个对你有好处的方法。如果你不说出你的想法，你就是在告诉你自己和你的潜意识，你的想法不重要，或者你很在意别人对你的看法。培养自爱的一部分就是要知道你在任何谈话中都有价值，或者如果你想要什么东西，你就有权提出要求。当你不喜欢别人对待你的方式时，你也适合使用这个方法。你有责任大声说出来，并适当划定这些界限。当你这样做的时候，你会更自信。

善待自己

在这个练习中，我希望你给自己买一些你平常不会买的东西。它不需要很贵，甚至可以是一种体验，而不是实物。例如，买咖啡时你可以升杯，或者自己出去逛街、吃饭和看电影。善待自己的行为是一种自爱的表达，它告诉你内心深处的潜意识，你是值得的。很多时候，你可能会因为担心后果而放弃那些能让你快乐的东西。但是，当你学习战胜拖延症时，你需要用行动来爱自己，不仅仅要为出色的工作奖励自己，还要给自己放个假。

自我审视

循规蹈矩是很容易做到的。这就是为什么定期进行自我审视很重要。你可以写日记，或者每隔一段时间静静地坐下来，问问自己对生活的感受和某些事情的进展。这样做的目的不是要打倒自己，而是要有同情心，然后做出必要的调整，使你能够回到正轨并保持下去。

方法 1：直面你的感受

停下你正在做的事情，问问自己有什么感受，每天重复几次。试着不要去评判这些感受，不管它们是什么。如果你不清楚自己为什么会有某种感受，试着回想一下，并找出可能导致情绪变化的触发因素或原因，无论它们是好是坏。这不仅能让你开始确定某些事情是如何影响你情绪的，而且能让你确定是否有某些人或环境因素影响了你的情绪。当你开始定期这样做时，你就会了解各种情况是如何引起你的相关反应，从而影响你的感受的。

方法 2：多找些乐子

这可能说起来容易做起来难，但有了你从上述方法中获得的信息，你将能够看到你一天中有多少时间是感觉积极还是消极的。为了让你培养自律性并过上你想要的生活，你需要努力使自己更多地处于积极状态而不是消极状态。当你能确定是什么让你感到消极时，你可以尽量避免这些情况的发生，或设置一些界限，这样你就可以保护自己，花更多的时间去体验那些能给你带来快乐的事情。

方法 3：仔细分析

因为你在生活中养成了一些日常习惯，所以定期深入了解你与生活状态相关的感受是很有帮助的。在你的日记中或纸上写下你在生活的各个方面（如个人、职业、身体等）想到的东西。你对每个方面都满意吗？如果不是，你希望有什么不同？你觉得自己有能力做出这些改变吗？还是你需要什么支持？用我在本书中介绍的方法制订一个计划，做出你需要的改变，让你的生活更快乐。

前进之路

情绪调节是培养自律性的关键因素，因为你的情绪决定了你的想法，决定了你采取的行动。为了得到你想要的结果，制订一个关于如何调整心态的每日计划可以帮助你更好地调节情绪。养成习惯不是一蹴而就的，所以请记住要对自己有耐心，要培养同情心、定期审视自我，以监控自己的进步，并在这个过程中庆祝小胜利。你不用学会使用我在本章中介绍的所有方法就可以看到积极的变化。请记住，习惯是一个一个养成的。

第 4 章

习惯 3：克服拖延和惰性，战胜自我内耗

拖延是盗梦贼。

理查德·保罗·埃文斯

（Richard Paul Evans）

每个人每周都有 168 个小时，学会如何有效地利用这些时间可以彻底改变你的生活。你可能意识到要提高效率，但如果没有合适的方法，你可能会发现自己在每天结束时都很沮丧。当你开始学会管理时间，你会明白这样做将如何帮助你在生活中培养自律性。用一个具体的计划来安排你的一天，会让你有信心知道这一天应该做些什么。当你完成了你想做的事情，你会更有自信，更有能力掌控自己的生活。

创建晨间惯例

我最喜欢的一句话是“赢得了早晨，你就赢得了一天”。这是一个很好的提醒：你如何开始新的一天，对你如何度过这一天有很大的影响。通过创建一个固定的晨间惯例，你将掌控你的生活，而不是整天都处于反应模式。你将能够设定一天的目标，并以正确的方式开始你的一天。

与正念的概念类似，创建晨间惯例是一种让你停下来，并评估你的感受和你希望当天发生什么的方法。如果你目前没有学会感恩，它也可以帮助你转换到心怀感恩的状态。晨间惯例包括在日记中写下你感激的事情、阅读积极的内容，或者当你清楚自己想要什么的时候做一个可视化的计划。每天坚持做这些小事情可能会给你带来巨大的改变。你可以从一两件事开始你的晨间惯例，然后随着时间的推移进行调整，或者一旦你掌握了窍门，就可以增加你的晨间惯例。

方法 1：早点起床

许多人在醒来之前因为贪睡关了很多次闹钟，然后整个早晨都在疯狂地准备出门。最终，他们上班或送孩子上学都会迟到，难怪他们会在堵车时心烦意乱，一天还没开始，他们的心情就已经很不好了。为避免发生这种情况，你可以确定自己早上需要几点起床才能顺利出门，然后提前 15 ~ 30 分钟起床。你可以利用这些时间来喝杯咖啡、写日记，或者只是静静地坐着，而不是匆忙地完成晨间惯例。

方法2：尝试，然后调整

一旦你养成了早起的习惯，给自己足够的时间完成晨间惯例，你就可以尝试不同的惯例组合，直到找到合适的时间和活动来帮助你成为最好的自己。你可能会发现自己喜欢在早晨锻炼，让你的身体动起来，或者你渴望安静地冥想，直到你开始准备一天的工作。请参考第3章，了解设计晨间惯例的不同方法，然后随着时间的推移进行调整，找到适合自己的平衡点。

方法3：继续前进

就像节食计划失败一样，如果你没有经常早起执行你的晨间惯例，你很容易就会放弃。但是，请提醒自己你正在培养自律性，这不是一朝一夕的事情。你的潜意识不喜欢改变，所以你需要坚持到底，第二天再试一次，直到你开始体验到晨间惯例的好处。此外，反思一下你的晨间惯例可能会有所帮助。看看你对它有什么感觉。想想是否有什么需要改变的，让它更适合你，这样你就会期待去做这件事。

选择你的活动顺序

如果你总是凭感觉做事，每天都没有规划好时间、偶尔开个会就度过一天，你可能就很难决定如何更有效地利用你的时间，而这样做会改变你的生活。提前安排你的一天会让你专注于你生活中最重要的方面，并为你提供培养自律性的动力。你每天使用时间的方式会影响你的自尊，并且会持续到第二天。掌握好你的时间将有助于你做每一件事。

方法1：时间保护

你有没有注意到，一个小小的干扰就会把你的整个工作流程搞得一团糟？它不仅会耽误你手头的工作，而且需要你花时间静下心来重新集中注意力，这真的会浪费你的精力。这就是为什么需要时间保护。时间保护指的是限定一段时间，并在这段时间内集中精力做一件事。例如，与其每晚下班后洗一大堆衣服，不如周六早上把一个星期的衣服全部洗完。另一个例子是在每周六早上花几个小时去处理所有的事情，而不是在一周中随机地处理它们。时间保护节省了每次开始做或做完一件事所需的一些开始和停止时间。看看在你平时必须要做的事情中有哪些可以“批量”完成。一次只做一类事情，而不是不停地切换，这样你会更有效率。

方法 2：把要做的事情写下来

把日程和待办事项清单放在手边。决定什么时候完成清单上的事项，并把它们记在日程上，就像它们是约会一样。即使目标很简单，例如去跑步，你也要从每周 3 天的午餐时间中抽出 30 分钟，这会让你赋予任务更多的意义，并认真对待它。这个过程也会让你提前思考你想要完成的事情，并安排好时间。当你完成了一周的工作，并且把所有的事情都安排好了后，回想一下你的优先事项是否都优先完成了，你的目标是否排在第一位。

方法 3：采取行动

日程中出现你计划之外的事情是很正常的。当这种情况发生时，不要犯这样的错误，即取消你之前写在日程中的计划；相反，要采取行动，即在你的日程中为这些事情重新安排时间。这样做会让你的日程更灵活，会让你按照事情的轻重缓急有序地安排时间，会让你更有效地管理自己的时间。就像在一开始就制订计划一样，重新安排这些事情可能需要一些时间来适应，但请你坚持下去，直到它成为你的习惯。随着时间的推移，你会养成这样的习惯，而且这将真正改变你的生活。

规划你的一天

在这个练习中，请把你想要完成的所有事项都写在日记中或一张纸上。事项无论大小，都写下来。然后，在需要你优先处理的事项旁边加个星号，因为你可能会因为一些琐事而忘记它们。打开你的日程，首先为你的优先事项留出时间。想买辆新车？那就为研究规划好时间，但每项任务只给自己 30 分钟，直到你真正掌握了时间保护的方法。比较重要的任务最多可以占用两个小时，正在进行的任务（如为实现你的目标而努力工作）可以占用一个小时，日常事务可以占用 30 分钟。

当你设置日程时，仔细看看它，确保它是可行和平衡的。你不必把所有的事项都安排在一天甚至一周内。当你开始使用我在本章中介绍的方法时，仅仅时间保护这个方法就可以大幅提高你的效率。记下你完成每项任务实际需要的时间，这样你就可以知道哪些任务需要更多的时间、哪些任务需要更少的时间。每周你都要反思自己哪些事项做得好、哪些事项做得不好。你需要做哪些调整才能让你的生活更有序？在你制订下周的计划时要考虑到这些。

战胜拖延

实现目标的最大障碍之一就是拖延。拖延不仅会令你感到沮丧，而且如果任其发展，它会严重影响你的生活。在你养成自律习惯的过程中，留意自己什么时候以及为什么会拖延是一个很好的方法。通常情况下，拖延还伴随着一些更深层次的问题，所以如果你能发现你什么时候会拖延，并找出原因，你就能找到这个低效习惯的根源。

方法 1：找到拖延的根源

如前所述，当拖延成为一种习惯时，往往会伴随着一些更深层次的问题。例如，如果你的目标是写一本书，但每次当你坐在桌旁时，你就开始整理桌子、查看电子邮件，那么可能是时候想想为什么你会这样做了。也许你认为自己不是一个好作家，你会奇怪为什么会有人想买你的书。找到拖延的根源将帮助你找到隐藏在表面之下的限制性信念，消除这些信念才能改掉拖延的习惯。

方法 2：发现“上限”

在《大飞跃》(*The Big Leap*）一书中，作者盖伊·亨德里克斯（Gay Hendricks）认为，你可能会在生活的不同领域都感受到“上限”，这些自我强加的限制经常会让你自我破坏，因为你认为自己已经达到了想象中的上限。简单地说，你可能不相信你能越过这个上限，并发挥你的全部潜力。为了解释得更清楚一些，想想你的事业和感情生活都一帆风顺的时候。自我破坏的表现可能是每周上班迟到好几天，或者无缘无故与你的伴侣争吵。一旦你在人际关系或职业生涯中到达了一个“顶点”，自我破坏就会严重影响你发挥潜力。就当这是一种不必要的自我纠正吧！拖延是自我破坏的另一种方式——你可能为自己“设限”了，没有给自己继续成长的机会。为了突破你的上限，你必须从不适中走出来，完成你想做的事情。

方法 3：把一些事情交给别人做

你可能会回避做一些事情，因为你根本不喜欢它们。如果是这样，如果可能，就考虑把它们交给其他人处理吧！例如，你可以把你不喜欢的日常琐事交给一位家庭成员，或者雇用一个兼职的虚拟助理来给你的客户回电话。无论哪种情况，你都是想让生活更有乐趣，回避那些让你难以培养自律性的事情。然而，重要的是你要确保你真的不想做这些事情，因为在某些情况下，你在培养一个新习惯时可能需要度过一段不适应期，之后这个习惯才能成为你生活中的一部分。但如果你真的不想做这些事情，那就把它们交给别人，然后自己继续前进。

自我审视

我想提醒你的是，你的目标是精心安排你的生活来帮助你养成自律的习惯，而不是让你变得完美。当你追求完美时，你将不可避免地在某些方面失败或犯错，这可能就是你放弃新习惯的原因。你希望在做出积极的选择和享受生活之间取得平衡。

在你努力养成自律习惯的时候，你要提醒自己，你已经做得很好了，你每天采取的行动都在让你朝着你想要的方向前进，即使你的一天总是状况频出。即使你偏离了方向，甚至完全失去了方向，也请你不要自责。重新站起来，再试一次。每当你这样做的时候，你会更有决心，因为你离养成这些习惯的目标又近了一步。

前进之路

正如你所看到的，在提高效率和培养自律性方面，提前为你的一天制订计划会发挥重要的作用。

当你花时间去思考做一件事到底需要多长时间，或者什么时候你才可以把它写进你的日程时，才是时间管理真正获得回报之时。管理好你的日程，你就能很好地掌控你的生活。此外，找到拖延的根源可以让你拥有战胜它所需的“武器”，让你在一天中更自律。

第 5 章

习惯 4：少点无用社交，学会享受生活

两个人的相遇就像两种化学物质的接触：如果发生了反应，两个人都会发生变化。

卡尔·荣格

你每天都在与人打交道。培养自律性和学习如何维持人际关系，对保持长期幸福感至关重要。通过执行晨间惯例或做出积极的选择养成良好的习惯是一回事，但当其他人参与进来时，能够管理自己的情绪和感受则是另一回事。

学会如何与他人良好沟通，有同情心，并在社交中设置边界，会让你更享受你的生活，无论你是独自一人还是与他人在一起。

沟通

你与他人发生冲突往往是因为沟通不畅或缺乏沟通技巧。学习如何有效地沟通可以改善你的人际关系，也可以让你在与他人建立关系时更有自信。虽然有些人天生就比其他人擅长沟通，但这绝对是一种可以学习的技能。沟通是生活中必不可少的一部分。因此，学习有效的沟通技巧是一个明智的选择，会对你很有帮助。

方法 1：友善地说出你的想法

虽然隐瞒自己的想法是避免与他人发生冲突、伤害他人感情的简单方法，但很可能你并没有充分发挥你的潜力；相反，你可以试着友善地说出你的想法。你可以说出你的感受或想法，但仍然尊重与你互动的人，如家人、朋友或同事。当你选择以一种尊重自己和他人的方式说出你的想法时，他们也会这样做，这样的沟通才更有意义、更有效。

例如，你和你的同事决定一起出去吃午饭。当他们问你想去哪里时，你可以说一家你最喜欢的餐厅，因为那里有你喜欢的食物，而不是随大流。

方法 2：用眼神交流

眼神交流是一种很好的沟通技巧，但并不是每个人都能自如地使用这种技巧。面部表情能让你了解对方的想法或感受，还能让对方知道你正在与他们对话，而且你很在意他们说的话。当同事来到你的办公桌前问你问题或者当你的伴侣想和你聊聊他 / 她的一天时，你是不是经常会看手机或查看电子邮件？

不要这样做了，请认真听对方在说什么，他们会觉得自己被倾听，而更有可能回报你，这对你们双方都有好处。与他人进行直接的眼神交流可能需要一些时间来适应，但只要坚持下去，你自然而然就会做得更好。

方法 3：提问题，不做假设

沟通不畅的最大原因之一就是问的问题不够多。你可能经常犯假设别人的感受、猜测他们的意思或者背后的目的等错误。你是否曾经错误地理解了一封电子邮件的内容，或者误解了一条短信的意思？这些都是做假设和不问问题而导致误解的例子。你可以不断地提出问题，直到双方都清楚谈话的结果。从长远来看，这可以为你节省大量的时间，因为你不必走回头路，也不必在一段令人不安的关系中解决问题。

解决冲突

如果你与家庭成员有冲突，你可以参考以下模板来解决冲突。

情景：寒假你回到父母家，却很少在家陪他们，因为你要与老朋友和同事叙旧。随着时间的推移，你发现当你拜访完他人回到家时，母亲对你越来越没有耐心，她的脾气也越来越暴躁。

你可以和你的母亲用一种有益的、健康的方式来解决冲突。以下例子供你参考。

你：妈妈，有时间聊一会儿吗？

妈妈：聊什么？

你：我回家之后发现你好像有烦心事，我想搞清楚发生了什么事，因为我不想让你心烦。

妈妈：好吧，你回家后没和我们一起吃过一顿饭，还留下一堆脏衣服。你是想让我帮你洗这些衣服吗？

我：能告诉我是什么让你更难过？是我不经常回来，还是我留下了很多脏衣服？

妈妈：最主要的是你好像不愿意和我们在一起。

我：我太在意与很久没见面的人见面了，但你和爸爸对我也很重要。那我们一起做点事吧！我先去把衣服洗完。

妈妈：太好了！

表现出同情心

表现和培养同情心是自律练习中不可或缺的一部分，因为这会让你更好地与各种性格的人，而不仅仅是那些与你性格合拍的人沟通。人们看待世界的方式、互动的方式以及对生活中的事情做出反应和回应的方式都是不同的。作为一位优秀的沟通者，表现出同情心会在许多不同的场景下发挥作用，因此你能更好地共情他人，并为他们的生活增加价值。

方法 1：读懂肢体语言

美国心理学家艾伯特·麦拉宾（Albert Mehrabian）的 7–38–55 法则指出，7% 的沟通来自口语，38% 的沟通来自声音和语气，55% 的沟通来自肢体语言。这就是为什么掌握有效的非语言交流方法是一项需要培养的伟大技能，因为它将极大地帮助你从他人的非语言暗示中找到线索。你可以观察人们的姿势，他们是僵硬还是放松的？他们的双臂是交叉的还是张开的？他们的面部表情是紧张的还是放松的？另一个有用的方法是，在你与他人互动的过程中注意他们肢体语言的变化，并利用这些线索来判断他们的感受或对话将如何进行，然后做出相应的调整。此外，平常请多注意你自己的肢体语言，观察一下你是如何进行非语言交流的。

方法2：换位思考

你可能对许多观点存在偏见。这些偏见可能来自你的生活经历、记忆和你对周围世界的假设。当别人经历一些事情时，你可能会从自己的立场出发去帮他们做出判断或决定。

我建议你进行换位思考。试着从他们的角度来看问题，试着共情他们，并理解他们的感受、行为和观念。你能做些什么来改善这种状况吗？当你带着同情和理解他人的态度去接近他们时，整个对话就会不一样了。

方法 3：镜像他人的反应

如果你真的想理解他们，或者你意识到自己很难同情他们，那么镜像他们的反应可能是一个很好的方法。当讨论中出现冲突或对话变得激烈时，镜像可能很有效。

镜像时，你可以使用“我听到你说……”或者“是不是可以说你感觉……”等语句。镜像中的一个关键词是“你”。重点不是你自己，而是他们。在沟通时，你要注意你是在表述他们说的话或感受，还是在试图表达你的感受。我们的目标不是一定要同意他们，而是要试着站在他们的角度和出发点来理解他们。

高质量的社交

如果你比较内向，你可能更喜欢独处或花很多时间宅在家里。然而，自律的一个重要部分是建立人际关系。人际关系之所以有益是有很多原因的，其中最重要的是它能帮助你与他人建立联系以及更好地理解他人和自己。因此，拥有好的人际关系有助于你拥有更满意的生活。如果不对独处加以控制，孤独就会变得不健康。使用以下方法，你可以有意识地创建高效的社交关系。

方法 1：走出家门

如果你发现自己花了很多时间待在家里，那就试着走出家门吧！对那些在家办公或独自生活的人而言，这一点尤为重要。有了社交媒体和追剧软件，你很容易养成整天待在家里的习惯，但这不利于你在生活中建立稳固的人际关系。走出家门有很多简单的方法，例如去健身房锻炼而不是在家里锻炼，出去吃饭而不是叫外卖，等等。想办法打乱你日常的生活，这样你就能更多地参加社交活动。

方法 2：尝试新事物

只要有一点创意，这个方法就将帮助你在培养自律性的同时变得更有社交能力。看看你当地的组织或其他社区组织有什么活动，看看你可以尝试哪些新的爱好，看看你最喜欢什么。

如果你保持开放的心态，你可能很快就会发现一些你喜欢的新事物，并在这个过程中建立起新的人际关系。充实生活的好方法是成长和学习新东西，正如本书前文所述，所以如果你使用这个方法，你可能就会获得惊喜。

方法 3：安排日常聚会

看看你目前的人际关系，评估一下哪些关系需要得到你更多的关注。联系那些与你关系最密切的人，请他们一起喝杯咖啡或吃顿饭。当你发现你们可以一起做一些对双方都有利的事情时，问问他们是否愿意把见面时间固定下来。

与朋友和家人“预约”安排空闲时间似乎很奇怪，但如果你没有经常联系他们，那么定期见面会让你有意识地留出时间来建立生活中最有意义的关系。一开始这样做可能需要一些自律，但随着时间的推移，你会进入一个良好的状态。

建立边界感

在与你在乎的人相处时，你可能偶尔会受到消极情绪的影响。建立边界感可以让你在维持这些关系的同时，保护自己免受消极情绪的影响。

如果你与一个消极的人相处了很长一段时间，

要识别他们的行为可能就需要花些时间。当你培养自律性时，你可以从观察你的人际关系以及它给你的感受开始。

方法 1：观察别人对待你的方式

口头辱骂，即使是来自你过分挑剔的父母，你也需要设定边界。你让别人怎样对待你，他们就怎样对待你，所以要注意别人是怎样对你说话的。

如果你的家人或亲密的朋友都会用一种高你一等的语气和你说话，那么你需要非常清楚什么是你可以接受的，什么是你无法接受的。一开始，这对他们来说并没有多大意义，因为他们从认识你开始就一直以这种方式对待你。但当你努力成为最好的自己时，你就再也不能忍受这种消极的做法了。

方法 2：控制你们在一起的时间

当你努力在你的关系中建立健康的边界感时，一些亲密关系有可能仍会让你产生消极情绪，但你不一定要立即放弃这些关系。在这种情况下，我建议你控制你们在一起的时间。尽量不要让他们的消极情绪影响你，如果你发现他们开始影响你，就找借口离开。

有时候，你可能会放弃一段关系。当这种情况发生时，你正在以一种会让你们的距离越来越远的方式成长。你们之前的交流方式，甚至在一起消磨时光的方式都不再让你满意。如果你想维持你们的关系，那就控制你们在一起的时间，或者逐渐减少与那个人在一起的时间，直到你们不再联系。

方法3：引导他们改变对待你的方式

当你的生活中有一直对你不友好的人时，要让他们改变对待你的方式并非易事。即使你正在为更好的生活努力，他们可能也不会改变。在这种情况下，你可以根据你的需要来引导他们改变对待你的方式。这是将对话引向一个不同的、更积极的方向，或者想出一些可以一起做的事情，而不是让他们主导。

就像养育一个蹒跚学步的孩子一样，重复是关键。你需要一遍又一遍地引导，直到他们开始改变对待你的方式。如果他们是你的家人，那么请你努力坚持。如果他们是你的朋友或同事，那么请给他们一些时间，但如果他们一直对你不友好或继续让你感受到消极情绪，那么可能是时候开始与新的、更积极的人建立关系了。

消除生活中的消极情绪

当你用尽了这些方法后，有时候你可能不得不与生活中那些会伤害你或拒绝停止传播消极情绪的人解除好友关系。这里有一个很有用的模板供你参考，它会帮助你尽可能顺利地结束这段关系。需要注意的是，他们可能根本就没有意识到这一点或者不希望你们的关系走到尽头，所以要做好心理准备，尽可能友好地坚持你的立场。结束一段友谊对你们双方来说都很难。

你：你有时间吗？我想和你聊聊。

朋友：什么事？

你：你知道我有多在乎你，但我也考虑

了很久，我觉得我们无法继续做朋友了。

朋友：为什么？这也太荒唐了吧！

你：我完全理解你的感受。但当我们打电话或在一起时，我们的情绪总是很不好。我只是觉得这样对我们都不好。

朋友：好吧，如果你这么想，那我也不想和你做朋友了。

你：谢谢你的理解，我知道这很不容易。也许等我们都有所改变后可以再试着做朋友。

前进之路

建立并维持稳定的人际关系是培养自律性的一个关键组成部分，因为这会让你的生活更充实。学会如何与他人沟通有助于你解决冲突，表达你的想法，建立健康的边界感，并使你变得更善于社交。虽然成为一位优秀的沟通者需要付出努力，但这绝对会让你在生活的各个方面受益。

记住，人际关系的一个重要部分是你要有同情心，并能够使用基本的沟通技巧来理解对方的想法。你可以观察他们的肢体语言，重复他们说的话，并提出问题。不要试图说服他们，而是真诚地倾听他们说了什么。你会惊讶于你对对方的了解以及你能够建立起的稳定关系。

第 6 章

习惯 5：学会律己，才能不断打破职场天花板

成就一番伟业的唯一途径是热爱你所做的事。如果你还没有找到，那就不要停下脚步。

史蒂夫·乔布斯

无论你是为自己工作还是为别人工作，培养更多的自律习惯来更好地完成工作对你的职业发展和职业生涯满意度都是极其重要的。以下我将介绍的方法会让你在工作中收获成功，在职业生涯中收获快乐，并帮助你与你所在的公司或组织保持一致的目标。有时候，你可能会把对工作的不满和缺乏自律混为一谈。如果你对自己每天所做的工作既没有自豪感，也没有成就感，那么这会对你的工作产生负面影响。然而，如果你能学会在做事的过程中培养自律性，你就会喜欢你所从事的职业或者找到你理想的职业道路。

工作上的成功

这取决于你的职业发展情况，你可能试图改善你的工作表现，或者找到一条更好的职业生涯发展之路。你可能在工作上花费了大量的时间，无论是在办公室、在家里还是在外面，所以为了每天下班时能有成就感，培养自律性是很有意义的。

当你朝着一个目标努力、学习新的东西或实现个人成长的时候，你会在成长的过程中获得满足感和成就感。在工作中努力做到最好不仅能给你带来自豪感，而且能帮助你减轻工作的压力，让你在工作中更有积极性。你将体验到个人和职业的共同成长。

在职场上获得成功绝对是一件值得努力的事情，有一些方法可以帮助你。

方法 1：提前到达办公室

你如何开始你的一天会为这一天定下基调。早上给自己充足的准备时间，这样你每天就可以早早地到公司，这是一个非常好的方法。如果你早上多睡一会儿，然后冲出家门，遇上堵车，踩点到办公室甚至迟到，这会给你带来不必要的压力，并对你一天中其他的事情产生多米诺骨牌效应。

相反，你可以制定晨间惯例。知道你需要为这一天做什么准备以及如何保持最佳状态，你才能有一个好的开始。例如，如果你能在你的一天“正式开始”之前到达工作地点，确定你的日程，并做好心理准备，那么这真的可以改变你一天的基调。

方法 2：做一个问题解决者

你对工作不满意最常见的原因可能是存在未知的挑战、挫折和未解决的问题。有时它们可能会直接影响你，有时它们只是工作上常见的问题。尽管这些难题是你可以预料到的，但知道如何解决它们并不总是那么容易。成为一个积极主动的问题解决者可以改变游戏规则。

当你开始寻找解决方案时，积极主动会让你掌握主动权，给你一种控制感和使命感。如果没有目标，你可能很难集中注意力，也没有动力。此外，通过寻找解决方案，你会对自己的工作表现更有信心，你的老板也可能会留意到你的表现。此外，成为一个强大的问题解决者是一种宝贵的技能，能够对你生活的方方面面产生积极影响。

方法 3：让工作有条不紊

有序地安排工作是一个非常好的方法。对于普通员工来说，由于他们要花费大量的时间寻找丢失的文件、查看电子邮件或记住某个活动的联系人的名字，因此他们的工作效率可能会很低。

当你变得超级有条理时，你会更有效率，工作绩效和整体满意度也会提高。我建议你找一个记事本或者手机应用程序，以方便跟踪和记录。同时，把所有的事情都写下来。当你依赖自己的记忆时，你可能很容易遗漏一些事情，这显然是你不希望发生的。

在工作中寻找快乐

在工作和职业生涯中找到乐趣是很重要的，因为工作可能是你人生的重要组成部分。当你在工作中感到快乐时，你会更有动力，更有活力。而且，既然你在工作上花了这么多时间，那么找到享受工作的方法才是有意义的。

在工作中找到乐趣并不容易。当然，有时候你可能运气好，找到了梦想的工作，但更多时候，这种乐趣是你需要有意识地使用以下方法来培养的。

方法1：加倍努力

正如你在不遗余力地帮助别人时会感到快乐，在工作中多付出一些努力也会有同样的感觉。工作怠慢既无助于你的职业生涯发展，也无法支持你努力寻找满足感。

想办法多做一些事，例如主导一个新项目、主持一个团队会议，或者有人请病假时申请加班。有趣的是，这不仅会引起老板的注意，而且你也会为自己出色地完成工作感到快乐。

方法 2：保持热爱

如果你所从事的工作与你所热爱的事情或对你来说很重要的价值观根本不沾边，那么你可能很难找到快乐和幸福感。评估你现在或未来的情况，看看它是否与对你来说最重要的东西一致。

在你的日记中写出你所热爱的事情和你的价值观。例如，你们公司销售的产品是环保产品或者你们公司为慈善机构捐款对你来说重要吗？如果你所热爱的事情与你现在的工作不一致，或者你的价值观与你现在的公司的价值观不一致，那就看看在你的全职工作之外是否有其他方式（如做志愿者）可以满足你的需求。

方法 3：停止拖延

顶尖销售大师博恩·崔西（Brian Tracy）在其《吃掉那只青蛙》（*Eat That Frog*）一书中教我们的方法是，先处理你最可能拖延的事情。与其整天害怕给你的供应商打电话，不如只要你坐在办公桌前就立刻给他们打电话，并积极解决问题。你是否有积压已久的文书工作要完成？如果是，那就遵循崔西的建议：在新的一天开始时，下决心先搞定那些会让你在这一天剩下的时间里陷入困境的任务。

当你拖延的时候，你可能会有消极情绪。你拖延的时间越长，那些消极情绪就会变得越强烈，而且它们会渗透到你生活的其他方面。当你在完成工作的过程中培养自律性时，你会惊奇地发现这将对你的快乐和幸福感产生积极的影响。

信任你的公司

当你真正信任你为之工作的公司或组织及其使命时，你的表现会很不一样。你会有更多的能量和激情，这会让你更享受你的工作，也会让你成为一名更好的员工。

当你为你信任的老板工作时，在工作中培养自律性就变得容易得多。当你觉得自己是公司愿景的一部分时，你自然会感到更兴奋，更有动力把工作做好。

方法1：支持公司的使命

如果你还没有准备好，那就去看看公司的员工手册，读一读老板的使命和愿景（如果有）。与人力资源部的同事开一个简短的会议，请他们用自己的话来分享公司的使命。你很可能会从他们的分享中得到启发。

如果你无法理解公司的使命，或者公司根本没有使命，你可以考虑找一份兼职，让自己参与到对你来说很特别的使命中，或者你甚至可以自己做点什么。

方法2：承担100%的责任

当你真正认同一家公司及其使命时，你就很愿意承担100%的责任。问问你自己，公司的CEO会怎样做？

如果你在停车场看到垃圾，那就把它捡起来。如果洗手间的灯泡坏了，那就写个维修申请单；如果没有工作人员帮忙，那就自己去更换。当你愿意对小事承担起100%的责任时，这也会在你更重要的工作中发挥作用。这就是真正的满足感。

方法3：追求个人成长

如前所述，你在成长的过程中会感到快乐。当我们在职业生涯中成长时也是如此，我们的老板也知道我们在职业发展中会变得更快乐。你可以做一名不断成长并要求承担更多责任的员工。

如果你能在加薪前放弃任何虚假的权力意识、真正承担更多的责任时，你就会在同事中脱颖而出。无论你是想在目前的公司中成长，还是想在寻找更好的职业道路时有更多的机会，这对你来说都非常有利。自愿参加相关的会议或获得其他认证是一个很好的开始。

职业生涯测试：寻找你理想的工作

你愿意无偿做什么工作？从这个好问题开始，因为它会揭示出你热爱什么、喜欢做什么，而与职位、薪水等细节无关。

你小时候梦想做什么工作？如果你能回答这个问题并描述原因，你就能把这些早期记忆转化为今天的一些实际情况。例如，如果你梦想成为超级英雄来拯救人类，你就可以把梦想转化为成为一名警察或护士。

你最喜欢的爱好是什么？爱好可以为你理想的职业道路提供惊人的指引。

对于以前的工作，你有什么喜欢或不喜欢的？回答这个问题是一个非常棒的练习，因为你可以非常清楚地知道自己想要什么，不想要什么。

与其抱怨过去你不喜欢的东西，不如把它作为找到理想职业道路的有价值的参考。

你的优点是什么？列出你的优点，并请亲密的朋友和家人提出更多的建议。看一遍这张清单，然后问问自己："我该如何利用这些优点在职业生涯中脱颖而出？"如果你非常有条理，能够同时处理好几个项目，那么你可能会喜欢办公室主任或项目管理的工作。

前进之路

正如你所看到的，你可以在你的职业生涯中找到快乐和幸福。花时间和精力来评估你的现状绝对是值得的，你可以做出一些调整，或者开始寻找一条与你的价值观和目标更一致的不同的职业道路。

你可以使用这些方法来提高你的工作效率和绩效，以及你对工作的整体满意度。当你在工作中养成自律的习惯时，这也会对你生活的其他方面产生积极的影响。最美妙之处在于只要你花时间规划出你的职业蓝图，你就可以朝着任何你想去的方向前进。

第 7 章

习惯 6：财务自律，不被金钱掌控人生

金钱和情感一样，是你必须控制好的东西。只有控制好它们，你的生活才能在正轨上。

娜塔莎 · 芒森

（Natasha Munson）

在财务方面做到自律至关重要，因为金钱会影响你生活的方方面面。当你是月光族，或者更糟糕的是，当你没有足够的钱来购买基本必需品时，这会对你的生活质量产生负面影响，并使你压力山大。在你的生活中，可能你想做的事情或你设定的目标都与金钱有关。学会理财可以让你自由地做你想做的事情。无论是为你的第一套房子的首付存钱，还是向你关注的慈善机构捐款，在金钱方面培养自律性会让你梦想成真。

负责任地消费

不管你有多少钱，学会负责任地消费都很重要。在你的一生中，财务状况起伏不定是很正常的。养成健康的理财习惯会给你信心，让你在面对任何经济环境时都能正确地管理你的财务。你的消费方式会影响你对自己的看法。在你学习并应用我在本章中所介绍的这些将使你受益终生的方法时，牢记这一点是很有帮助的。

方法 1：控制你的收支

我希望你能诚实地看看你的财务状况，并确定你的平均现金流，也就是你所有的收入（实得工资）减去你的开支（包括可变支出和固定支出）的结果，目的是要弄清楚你在月底是有盈余还是有赤字。

当我与客户一起工作时，他们通常会忽视自己的财务状况。他们不想解决这个问题，因为他们害怕面对现实。然而，控制你的收入和支出可以让你感到自由，同时这也为你制订一个可靠的计划来扭转你的财务状况提供了所需的信息。

方法 2：简化预算

随着时间的推移，人们好像越来越不喜欢“预算”这个词了。但当涉及你的财务问题时，学习做预算真的可以让你有能力掌握自己的人生。你可以在互联网上找到很多免费的预算工具，你也可以使用 Excel 表格做预算（如表 7–1 所示）。首先确定你每月的收入和固定支出（如房贷和车贷等），然后估算你的可变支出（如食品、日常用品等）。

同时，确定你上个月的支出可以更好地了解你把钱花在了什么地方以及你花了多少钱。人们很容易高估了自己的收入，而低估了在日常消费上的支出。你需要记录整个月的收支情况，并随时调整。

表 7–1　　　　我每月的预算表

项目	预算金额	实际支出	结余	备注
收入				
总收入				
其他收入				
支出				
房贷 / 租金				
房屋维修费用				
电费				
水费				
燃气费				
垃圾处理费				
有线电视费				
手机话费				
食品杂货				

续前表

项目	预算金额	实际支出	结余	备注
娱乐				
慈善 / 捐款				
油费（汽车）				
车险				
车贷				
儿童保育费				
信用卡 / 借记卡				
衣服				
储蓄				
退休金				
子女大学的学费				
基础 / 其他				
总计				

方法 3：充分利用你的收入

当你做预算时，你可能会意识到自己花的比挣的多，这让你入不敷出，你可能一直在靠信用卡维持生活。你意识到自己需要做出改变。

想办法充分利用你的收入。这可能包括要求加薪、找一份薪水更高的工作或在业余时间做些什么（如开网店等）。这需要勇气，所以你要提醒自己，必须做出改变来改善你的财务状况。你可能还需要和你的另一半谈谈，看看他 / 她能做些什么来帮助你改善你的财务状况。

需要还是想要

无论你是不是听着“天上不会掉馅饼”这句话长大，你可能都已经养成了一种随时想买什么就买什么的习惯。在过去的几十年里，随着信用卡被大量使用，冲动消费变得很常见。

为了在财务方面养成自律的习惯，你需要养成延迟购买的习惯，而不是即时满足。这样做需要一些练习，但你可以通过使用以下方法立即开始积极的改变。

方法 1：摆脱债务

如果你发现自己负债累累，或者每月都有赤字，那么是时候停止购买你想要，但实际上你并不需要的东西了。我知道这看起来很苛刻，但这是业内顶级财务专家的一致建议。

如果你把自己“想要的”和“需要的”混为一谈，继续买你喜欢的东西，你就会继续负债，甚至可能产生更多的债务。当你努力摆脱债务时，请记住，你不会永远都这样，你一定会扭转局面。你可以在你为自己设定的预算范围内买你想要的东西。

方法 2：支出、储蓄和捐赠

为了平衡你的财务计划，把一部分钱分别分配给你的个人消费、储蓄账户和你关注的慈善机构可能会有所帮助。这让你赋予你所创造的收入以意义，并给你自律的动力，这样你就不至于花光你赚的所有钱。

如果你的孩子要上大学或者你的退休金账户需要钱，那么从现在就开始存钱吧。你开始得越早，你以后得到的就越多。你可以考虑向理财规划师寻求建议，他们可以结合你的长期目标来看看你的现状，并帮助你制订一个切实可行的计划。

方法 3：购买经验，而不是物品

为了帮助你改掉过度消费的坏习惯，请你寻找购买经验而不是购物的方法。积攒你想要但不需要的物品会让人上瘾。在财务自律方面，这种消极的习惯必须改掉。与其去商场买衣服，不如约朋友一起喝杯咖啡、叙叙旧。也许你可以和家人一起去度假，而不是买一辆你根本不需要的新车。发挥创意，想法就会源源不断。

消费的欲望

攀比之风至今依旧盛行，而且随着社交媒体的流行，这种情况可能会愈演愈烈。你可能会被朋友、家人和同事通过社交媒体所发布的图片和视频片段所诱惑。

人们很容易成为比较的牺牲品，你甚至可能没有意识到这一点。当你看到别人正在享受美妙的假期时，你可能很难坚持执行自己的预算计划。然而，自律意味着你会根据你的短期和长期目标来做决定，你可以控制你的购买行为。

方法1：找到购买原因

在你买某个东西之前，问问你自己为什么要买。你买它是因为你想要它吗？还是因为你真的需要它？请思考以下问题：

- 你买东西是因为别人有这个东西吗？
- 你买东西是因为你不开心，想让自己开心起来吗？

我还建议，当你不确定该不该买某个东西时，一定要找到原因。提醒自己你要努力工作以摆脱债务或攒钱上大学，这样你才能为你和你的家人创造一个更好的明天。每个人都希望有安全感、有保障，做出与你的原因相关的决定可以帮助你实现这些目标。

方法 2：你真的需要吗

想想你的消费习惯，你可能处于这样一种情况：一直以来，你一直想买什么就买什么，以至于你很难确定你真的需要什么。你需要食物、衣服和住所，而且很可能上班要通勤。如果你正在设法摆脱债务或培养财务自律，除了这些基本的东西之外，几乎没有什么是完全必要的。

每次购物之前问问自己是否真的需要它。你可以通过做一些简单的事情来减少不必要的开支，例如早上在家里煮一杯咖啡，而不是在上班的路上去你最喜欢的咖啡店花 6 美元买一杯。弄清楚你是否真的需要购买某个东西，并在你不需要的时候找到解决方案。一开始这需要一些努力，但最终你会掌握窍门，并对你的购买决定更有信心。

方法 3：24 小时冷静期

你可以为某些购买行为留出 24 小时的冷静期。为你可以支付的金额设定一个上限。如果你想买的东西超过了上述金额，你必须等到第二天再看看自己是否真的还想买。

我与许多客户打过交道，我常常惊讶于他们中很多人都表示在购物之前等了 24 小时后，他们就不再想买了。冲动是一种流行病，再加上精明的营销手段，这就不足为奇了。使用这个方法，你将从冲动消费中解脱出来，重新掌控你的财务。

不用花钱的社交活动

取决于你的朋友圈或者你的家庭文化如何，你可能处在一个经常出去吃饭或喝酒的环境中。如果是这样，你就需要制订一个应对这些昂贵的外出活动的计划。也许你可以告诉你的同事或朋友你刚吃过饭，或者你正在戒酒。

另一个好方法是想出一个不需要花很多钱的替代选择。你可以和朋友去风景宜人的公园散步，而不是去之前那些昂贵的餐厅见面。你可以建议全家一起在家里聚会，而不是出去玩。这些新提议一开始可能会遇到一些阻力，但只要坚持下去，当你的朋友和家人意识到你是认真的时，他们就会慢慢适应。

为未来存钱

随着数字时代的到来以及智能手机和社交媒体的盛行，一切都在飞速发展。技术也使人们更关注当下正在发生的事情，而不是未来即将发生的事情。许多人都是月光族，很多时候这是因为他们在财务和为明天存钱等方面缺乏自律。

为了避免这种情况发生，你可以制订一个为未来存钱的计划。和任何与你的未来有关的人坐下来，确定你的长期目标是什么。无论你的目标是买你的第一套房子、买一辆更好的车还是去度假，你都要制订一个计划，并努力实现这个目标。

方法 1：日积月累

这是一个可以帮助你从今天开始、在不知不觉中存钱的简单方法。每次你购物的时候，四舍五入，把这笔钱直接存入你的储蓄账户。一些银行提供这种服务，你可以咨询一下。数额如此之小，你甚至不会注意到它们被转移到你的储蓄账户里。这个简单的方法可以帮助你在短时间内存下一笔钱。

还有一种方法是确定一个特定的金额，每周或每月自动从你的活期存款账户转入你的定期储蓄账户，这样你会相对较快地积累存款，甚至还可以用这种方法来存你的大学基金或退休基金。

方法 2：不要把鸡蛋放在同一个篮子里

如果你发现自己经常忍不住动用储蓄账户中的钱，那么在另一家银行开设一个储蓄账户可能会有帮助。这种做法看起来可能微不足道，但如果你觉得每次取钱或花钱都很麻烦，你可能就不会从这个账户中取钱了。

另外，你可以为你的储蓄账户设定一个类似于前面提到的 24 小时冷静期的规则。

从存款中取出钱去度假可能很诱人，但这可能使你回到建立储蓄账户之前的状态。然而，如果是你的车坏了且必须修，那么这是合理的动用存款的理由。

方法 3：记住你的初心

在日常生活中，及时行乐很容易。然而，如果你在财务上继续保持活在当下的习惯，你就无法为未来存钱。

记住你的初心，你甚至可以把一些可视化的东西摆在眼前，以不断地提醒自己存钱是为了什么。例如，在墙上挂一些你的家庭旅行的照片来提醒自己，未来你想和他们一起度假，或者找一张合适的照片，提醒自己那是一套你想拥有的海边度假屋。未来你能否实现你的目标取决于你今天能否自律。当你做出那些艰难的决定来存钱时，请记住你的初心，并想想当你攒够钱时会得到什么。

前进之路

正如你所看到的，培养财务自律不是一种惩罚你自己的方法，而是一种能让你摆脱束缚、有更多的自由和对未来充满希望的方法。如果你选择忽视它，你就无法改变现状。使用这些方法可以让你重新获得对财务的控制权，并制订一个真正可行的计划。

养成习惯需要时间，改掉习惯也需要时间，所以在整个过程中你要对自己有耐心，尤其是在坚持预算计划或抵制冲动消费方面。如果你偏离了轨道，请不要自责，只要尽快回到正轨即可。

第 8 章

习惯 7：精神自律，找回内心的平静与喜悦

智力发展应始于出生，终于死亡。

阿尔伯特 · 爱因斯坦

（Albert Einstein）

正如你从本书中学到的，在生活中自律的一个关键组成部分就是不断地成长和学习。当你为实现一个目标而努力奋斗时，你会获得满足感和幸福感。然而，如果你没有有意识地将创造力、学习和精神生活融入你的生活，那么它们可能会成为事后想法，而不是你生活中的优先事项。

当你使用这些方法时，寻找一些可以纳入日常生活的建议。试试看哪些是你最喜欢的，哪些是你最需要注意的。在这个过程中进行调整，你就能很好地按照我在本章中介绍的各种方法培养自律性。

保持思维活跃

随着年龄的增长，你的智力会自然下降。好消息是，你每天都可以主动做一些事情，尽可能地保持你的大脑的灵活和敏锐。“锻炼”大脑的效果似乎不太明显，但在日常生活中养成自律的习惯来保持思维活跃是值得的。

好消息是这些方法适用于任何年龄，它们将有助于提高你的记忆力、注意力和学习新事物的能力。开始试试吧！

方法 1：刺激大脑

精神刺激能够改善我们的神经细胞的敏感性，强化我们的神经通路。虽然现代技术使生活的许多方面更加便捷，但它也使我们更加懒惰。

为了让你的大脑处于最佳状态，你可以在空闲时间做一些简单的活动。每晚睡前阅读、参加在线课程以学习一项新技能、玩文字迷宫游戏以及培养绘画、演奏乐器和手工制作等爱好都是你不错的选择。在这些活动中，你可以同时运用你的左右脑。

方法 2：多运动

运动对你的大脑也有好处。运动可以为大脑提供更多的氧气，并改善脑细胞之间的交流，所以定期运动对你的生活有诸多好处。

关于如何改善身体健康状况，请参考第 2 章的内容，但现在，请你立即找到一项涉及培养技能或朝着目标努力的运动。当你努力提高自己的时候，你也会增强你的大脑。当你从运动中获得身心上的好处时，你就会获得坚持下去的动力。

方法 3：喂饱你的大脑

你吃的食物会影响你大脑的健康。我通常鼓励客户摄入富含 Omega-3 脂肪酸的健康脂肪（如核桃和牛油果等含有的脂肪），它们可以消炎。此外，大脑最喜欢的能量来源是葡萄糖（也就是糖），而糖的种类和数量同样重要。你的身体会将你摄入的大部分碳水化合物转化为葡萄糖，所以要想真正喂饱你的大脑，就要选择高质量的食物，如 100% 的全谷物和各种水果及蔬菜。

由于大脑是人体中消耗能量最多的器官，因此饮食和大脑功能之间有很强的相关性。在你的饮食中加入更多的天然食物，你的专注力和记忆小细节的能力都会得到改善。

锻炼你的大脑

如果你还没有玩过数独，不妨尝试一下。如果你以前玩过但很久没玩了，那就让它重新回到你的日常生活中吧。拼图游戏需要你运用你的逻辑思维，它可以预防认知能力下降。

2019 年发表在《国际老年精神病学杂志》（*International Journal of Geriatric Psychiatry*）

上的一项研究分析了 19 000 多名完成数字拼图的人所使用的 14 种不同的认知测量方法。这些人的年龄在 50 岁至 93 岁之间。研究人员发现，当 50 岁以上的人玩数独等游戏时，他们的认知功能会得到改善。

如果你对数独不感兴趣，那么找词游戏、填字游戏甚至打牌都是不错的选择。挑战你的大脑是终极目标，所以请你不断尝试，直到找到你喜欢做的事情。

创造力

创造力有助于我们培养情商。它给了我们信心，让我们知道是什么让我们感到快乐和满足。不是只有艺术家或音乐家才有创造力，所有人都有创造力。

创造力的一个重要组成部分是探索的过程，这意味着你要允许自己尝试新事物，发现自己喜欢的东西。当你发现自己喜欢的爱好时，你会觉得更快乐；这也是一种创造力的释放，是提高你的情商的方法。

方法 1：热爱你的热爱

做你所热爱的事情是让你喜欢你的工作的最好方法之一。如果你从事艺术或设计方面的创意性工作，那就确保你有一个既定的方法来提高工作效率。

在传统意义之外，还有许多其他方式可以发挥创造力。有创造力仅仅是简单地制造一些东西或改进已有的东西。例如，在工作中组织一个领导力活动，或者自愿用家里的缝纫机为客户制作礼物。当你开始把世界当成你的游乐场时，你在做任何事情时都能充分发挥你的创造力。

方法 2：把情绪杯装满

如果你经常在家中或工作中关心他人，你可能会发现你的情绪杯经常是空的。你可能感觉倦怠、内心空虚，或者认为你的生活或工作没有任何意义。要解决这个问题，就要把你的情绪杯装满。

拿出你的日记，写下你所有的爱好或者让你开心的事情，不要做任何评判。想一想你过去的爱好，也许随着时间的推移你已经放弃它们了。从你的清单中选择至少一个你可以找回来的爱好，然后立即行动。

方法 3：寻找一个有创造性的解决方案

沮丧会导致不满。克服挫折和不满的最佳方法是成为一个足智多谋的人。当你发现自己经常在工作中抱怨，或者你注意到其他人抱怨时，寻找一个创造性的解决方案。这就是提高情商的方法。

当你选择从不同的角度看问题，甚至只是下定决心找到解决问题的方法时，你可能会改变游戏规则。你将开始以不同的方式看待各种情况，甚至将这些情况视为挑战，并学会寻找有创造性的方法来越过任何障碍。掌握寻找创造性解决方案的技能将使你受益终生，并让你成为他人的宝贵财富。

精神生活上的努力

精神在你努力培养自律的过程中发挥着重要作用，因为它将你与一个更高的目标和比你更强大的东西联系在了一起。当你觉得你正在做出改变时，这会给你继续前进的动力。培养精神自律需要用心。

我建议你以开放的心态来使用以下方法，不要赋予“精神”这个词任何你想赋予它的意义以外的意义。

方法 1：让别人知道你的需求

说出你在生活中想要什么，是培养精神智商的重要一步。当你开始意识到你是比你自己更强大的事物（无论你是把它定义为宇宙还是其他完全不同的东西）的一部分时，你就会感到更有意义。这种意义可以让你在生活中更有目标感，在做每件事时更高效。

想要什么就说出来。你可以把它写在日记里或者大声说出来。如果它是你练习的一部分，那就默默祈祷它的出现。这是你信念之旅的重要组成部分，你的信念会随着时间的推移越来越坚定，因为你的需求会逐一得到满足。

方法 2：感恩需要自律

当你对你所拥有的一切心存感恩时，感恩之心会吸引类似的东西进入你的生活。学会看到生活中的美好，并对你所拥有的一切心存感恩，这是一种很好的自律方式，对你生活的方方面面都有帮助。

在你的一天开始之前，默默地为你能在早上自然醒来并拥有这一天而感恩。意识到你是安全的，你有地方住，你的生活中有爱你的人。心存感恩也可以为你的生活加上一个玫瑰色的滤镜，你会自然而然地开始关注你周围的美好。

方法 3：爱他人

一个与人们建立联系并融洽相处的神奇方法是找到一种无私地爱他人的方式。你可以向慈善机构捐款，可以做志愿者，或者当你看到你的社区有需要时，成立一个全新的组织或组织一场活动。

当你为他人付出而不求任何回报时，你会更快乐。慷慨和给予是世界上最美妙的感觉。当你贡献你的时间或金钱来帮助世界变得更美好时，你会觉得你正在做出改变，而且你与世界的联系也更紧密了。

寻找内心的平静

快节奏和超负荷的生活常常令我们疲惫不堪，找到内心的平静从未如此重要。当你培养自律性时，你也需要努力寻找内心的平静。

这取决于你有多忙，而且对你来说，这可能有点挑战性。只要记住你将从结果中受益即可。试试以下方法，看看你最喜欢哪一个，这是值得的。

方法 1：自我反省

大多数人可能都不会停下手头的事情来问问自

己什么能让自己更快乐、更满足。人们往往步履不停，从不问问自己想在生活中改变什么。找一些时间安静地坐下来反省一下自己。拿出你的日记，想想你的生活现状，问自己以下几个问题：

- 你快乐吗？
- 你感到满足吗？
- 你希望看到什么变化？
- 有没有什么事情对你没什么好处，你需要放弃？
- 有没有需要你关注的亲密关系？

然后想想为了看到改变，你需要做出哪些艰难的决定。想想你能做出哪些能让你在生活中找到更多内心平静和快乐的积极转变。

方法 2：花时间亲近大自然

花时间亲近大自然是一个可靠的方法，你随时可以使用它，并立即感受到更多的平静和快乐。你可以把在林间小道上散步或静静地坐在树旁反思你的一天作为一种日常。你也可以在你居住的小区里散步来结束你忙碌的一天，然后进入休息时间。

请记住，当你需要的时候，你可以通过亲近大自然来获得力量。当你感到沮丧的时候，或者你刚刚和别人进行了一场激烈的讨论，出去走走，呼吸一下新鲜空气，这会对你大有裨益。大自然会让你感觉更踏实，所以请你尽情享受。

方法 3：放慢节奏

当你整天都忙于应付各种事情时，你很难感到平静。许多人的日程都安排得过满，他们需要同时处理很多工作和生活上的事情。

通过培养自律性，你可以学会放慢节奏，这对减少焦虑很有好处。放慢节奏的一种方法是在完成两项任务之间安排一小段空闲时间，这给了你一个暂停和过渡到下一个任务的机会。你可以放下手机，陪孩子们一起玩，或者牵着伴侣的手，聊聊你的一天。一开始，放慢节奏可能会让你感到不自然，但如果坚持下去，你很可能就会特别期待一天中这段悠闲的时间。

前进之路

将学习、创造力和精神生活融入你培养自律性的计划会让你更有成就感。当你学习新东西时，无论你为自己设定了什么目标，你都会更投入、更专注、更兴奋。

在你的生活中，你可以以一种有趣的方式找到发挥创造力的方法。生活并不一定像你想象的那样严肃，发挥创造力是一种很好的减压方式。你可以经常以不同的方式表现出你的创造力。

学会与周围的人保持联系会让你觉得自己很特别、很重要；反过来，这也会让你的内心平静和喜悦。

第 9 章

习惯 8：把自律当作一种生活方式

倾尽所能，将你内心可能性的微小火花煽动成达成目标的熊熊火焰。

果尔达·梅厄

（Golda Meir）

到目前为止，你已经了解了很多可以让你在生活中更自律，并能帮助你过上你一直想要的生活的方法。当你通过使用我在本书中分享的方法取得进步时，你很容易会认为你的工作已经完成了，但努力让自律成为一种生活方式更重要。当你继续前进时，你可能会希望找到继续执行你每天都在执行的计划的方法。

你会知道如何为一天设定坚定的目标、如何避免坏习惯、如何在偏离轨道时回到正轨，你会为自己的胜利感到开心，会一直有动力。

确定良好的意愿

确定良好的意愿就是要意识到你想要在一天中获得什么结果，并在精神和情感上与之保持一致。很多时候，你会在保守的模式下过着日常生活，事情似乎只是朝着它们想要的方向发展。然而，确定良好的意愿可以让你重新掌控你的一天。

方法 1：在心理上提前做好计划

正确地安排你的一天真的可以让你的一天变得与你想象的不同。当你花时间做好心理准备并想象某些事件将如何发生，或者你将如何实现特定的目标时，它们实际发生的可能性就会增加。

我建议你在一天真正开始之前，在早上花几分钟时间想想你希望每件事如何发生。你可以用现在时态把它们记录下来，就好像它们已经是事实一样，或者你可以闭上眼睛，想象自己以你想要的方式度过了一天。

方法 2：注意你的情绪

一旦你的一天开始了，关注你的情绪会很有帮助。当你感到快乐和积极的时候，事情的进展更有可能如你所愿。但当你生气或沮丧时，你可能会把消极情绪带入你的生活。

定时审视一下自己，看看自己的情绪如何。提醒自己这一天的目标，尽你所能让自己回到感觉良好的状态，例如可以出去呼吸新鲜空气，给你关心的人打电话让他振作起来，或者播放一首你最喜欢的歌曲，让你再次进入积极状态。

方法 3：休息五分钟

当你发现自己偏离了一天的计划或者感觉精力不那么充沛时，给自己五分钟的休息时间。停下手头的事情，允许自己休息一下再重新开始。

有时你可能会偏离正轨，问题会越来越严重，你很难保持动力来实现你的目标。在需要的时候，给自己五分钟的休息时间来重新确定目标，重新整理情绪。把你的主要目标写在小卡片上并放进钱包里，当情绪低落时拿出来看看，这可能很有用。

抵制诱惑

学会识别和重新定义那些无法让你保持自律的外部因素，例如坏习惯、你花时间相处的人，或者一些消极的诱惑。有些坏习惯很容易不知不觉地重新回到你的生活中。

找到合适的方法来识别和重新定义诱惑是你保持自律和坚持目标的重要因素。

方法 1：识别诱惑

说到抵制诱惑，最简单的方法就是从根本上让诱惑消失。例如，如果你想吃得更健康，却无法抗拒一盒饼干的诱惑，那么干脆就不要买饼干了。或者，如果你的目标之一是在一个合理的时间上床睡觉，而你却很喜欢追剧，那就取消上线提醒，试着开始读一本书。

找出那些对你没好处的生活方式，让它们远离你。不要让诱惑接近你，否则你很难坚持自己的目标。

方法 2：观察你的环境

近朱者赤，近墨者黑。与你相处时间最长的人会对你的行为和决定产生巨大的影响。当你试图在生活中做出积极的改变，而你周围的人却没有这样做时，这会让他们下意识地希望你保持原来的样子。

当你与那些经常和你在一起的人打交道时，注意你的感受以及他们是支持你还是有意或无意地阻止你实现目标的。和那些志同道合的人成为朋友。

方法 3：寻求帮助

说到坏习惯，总有一个时刻你会意识到，单纯靠意志力和意愿是不足以让你实现目标的。习惯性行为会在我们的生活中变得根深蒂固，所以必要时你可以寻求帮助。如果你想一直坚持，却又恢复了与你的目标不一致的旧习惯，那么寻求帮助可能是一个很好的选择。如果你有成瘾人格或在生活中有任何虐待行为，寻求帮助也是一个很好的选择。

在你需要的时候寻求帮助并没有什么错。从那些真正想要帮助你识别并抵制生活中的诱惑的人那里获得客观的建议是非常有用的。

不要失去动力

如前所述，旧习难改，偏离你的目标又恢复以前的行为的情况是很常见的，关键是要意识到这种情况可能随时会发生，并在你偏离轨道之前制订一个如何回到正轨的计划。

如果你没能预料到这种可能性，你可能就会因为恢复旧的惯例和习惯而自责。然而，只要你能给自己一些宽容，并下定决心回到正轨，你就更有可能使自律成为一种生活方式。

方法 1：不要放弃

如果你看过电视节目《超级减肥王》（*the Biggest Loser*），你就会知道选手们经历的戏剧性转变。对于那些离开节目后体重开始反弹的人来说，问题显而易见：到底发生了什么，让他们的体重开始反弹？就像任何被破坏的好习惯一样，原因可以归结为放弃了一次。可是，一次会变成两次，在你意识到之前，好习惯已经被忽视了。

显然，这其中可能有其他原因，但根本问题是要意识到，如果你躲过了一次运动或一个你承诺要保持的神奇的晨间惯例，这些好习惯很快就会被你遗忘。尽你最大的努力不要放弃，哪怕只有一次。

方法 2：时刻注意

定期审视自己，看看自己有多大的动力是一个坚持下去的好方法。你还在朝着自己的目标前进吗？你对自己在生活中培养起来的自律性感到满意吗？

每周或每月问自己几个问题是很有帮助的，这样你就可以持续关注你的目标和动力。在养成新习惯时，你必须有意识地花很长一段时间去练习，直到这些行为变成无意识的行为，成为你日常生活的一部分。当你意识到自己的成功或不足时，你可以在任何时候夺回控制权，并在需要的时候重回正轨。

方法 3：回到正轨

我希望你能在发现自己偏离正轨时重新调整自己的目标。例如，如果你的目标是减掉 10 千克体重，但你一时没忍住，吃了一大堆与你的饮食计划不相符的食物，那么下一顿就少吃点吧！很多时候，当谈到让好习惯成为你生活的一部分时，你可能会急于求成，但实际上这是一个缓慢的过程。

这个方法的好处在于它允许你偶尔失败或搞砸，而不是一犯错就认输。只要记住尽快回到正轨，并继续培养自律的习惯。

承认进步

当婴儿学走路时，我们一定会为他们成功地走了几步而欢呼，即使他们会摔倒。在我们的鼓励下，他们会重新站起来，摇摇晃晃地再走几步，直到学会为止。

当你朝着你的目标努力时，请记住这个场景，并提醒自己，在前进的路上，你需要鼓励自己并保持动力。当你正朝着一个大目标努力或者努力戒掉一个对你不再有好处的习惯时，这就更加重要了。

方法 1：绘制里程碑

当你确定了你想要实现的目标时，你可以在前进的路上标出进度检查点，这样你就可以得到反馈，告诉自己你确实做得很好。如果你无法衡量你的结果，你就无法确定自己是否真的做得很好，也更容易失去动力。

首先，确定你的大目标，然后沿途标出里程碑，把大目标分解成一个个小目标。当你到达每个里程碑时，鼓励一下自己，肯定自己正朝着实现目标的方向前进。

方法 2：停下来庆祝一下

当你制订好实现目标的计划时，我建议你想想当你到达指定的里程碑时要如何庆祝一下。如果到达的只是一个小里程碑，那也要小小地奖励一下自己；当你实现大目标时，狠狠地奖励自己吧！你本来就想知道自己做得好不好，当你停下来庆祝时，你的潜意识会兴奋起来，生物反馈是不断地获得更多奖励。如果你觉得给自己奖励太刻意了，那就请你身边的人帮你列出一张清单，当你到达每个里程碑时，你可以选择奖励的方式，这样你就能更清楚地看到你的目标并实现它。

方法 3：找一个啦啦队队长

虽然你时刻严以律己，但有时你也会忽略对自己出色工作的认可。找一个和你关系密切、会支持和鼓励你的人，与他分享你的目标和你的进度。问问他是否愿意与你分享你的成功，并在整个过程中鼓励你。

当你到达一个里程碑时，告诉支持你的人，让他知道你做到了。如果你选对了人，他会为你感到高兴，并期待下一次再与你一起庆祝。

后记

Afterword

此时的你正拿着这本书，读着最后的这些话，我知道你肯定有培养自律性的决心。你完全可以做到！当你意识到这段旅程不是为了追求完美，也不是一次就能成功时，你就能从失败中吸取教训，然后继续前进。美好的事情是，你正在取得不完美的进步，最终将为你自己和你周围的人创造更好的生活。

当你继续使用我在本书中介绍的这些方法时，

请记住，你可能会遇到挫折和困难。这在生活中是很正常的事，但我想提醒你，不追求完美不是你放弃希望和梦想的理由。意识到不完美意味着你正在采取行动，培养改变你的生活所必需的好习惯。

明确你的目标，制订你的行动计划，必要时进行调整，并在过程中奖励自己。如果你确实偏离了轨道，请记住，一旦你做出决定，你马上就可以回到自律的道路上。所有的努力都是值得的，这会让你完成你为自己设定的任何目标。

我很荣幸能与你们分享这些培养自律性的方法，我一定会为你们加油！

The Art of Self-Discipline: Beat Procrastination, Break Bad Habits, and Achieve Your Goals

ISBN: 978-1-64739-171-3

北京阅想时代文化发展有限责任公司为中国人民大学出版社有限公司下属的商业新知事业部，致力于经管类优秀出版物（外版书为主）的策划及出版，主要涉及经济管理、金融、投资理财、心理学、成功励志、生活等出版领域，下设“阅想·商业”“阅想·财富”“阅想·新知”“阅想·心理”“阅想·生活”以及“阅想·人文”等多条产品线，致力于为国内商业人士提供涵盖先进、前沿的管理理念和思想的专业类图书和趋势类图书，同时也为满足商业人士的内心诉求，打造一系列提倡心理和生活健康的心理学图书和生活管理类图书。

《意志力心理学：如何成为一个自控而专注的人》

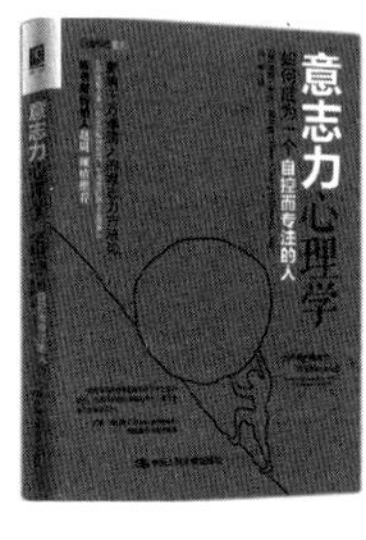

- 影响千万德国人的意志力方法论。
- 让你比别人多一些定力和自控力，在成功的路上走得更远。
- 著名心理咨询专家汉斯 - 乔治·威尔曼将帮助我们通过学习 12 个“意志力好助手”，逐步理解并掌握增强意志力的方法，更有针对性地运用意志力，从而将计划付诸实践。

《拖延心理学（行动版）》

- 本书不只是提供日常行动计划的制订，而且是侧重鼓励读者采取行动的行动指南。
- 本书作者从分析产生拖延的八大心理因素入手，通过提供一种直截了当、系统的框架，运用无压力工作法、抗拖延习惯法、25-5 法则、设置季度 SMART 目标等，帮助读者建立以行动为导向的习惯来拒绝拖延症，逐步改掉拖延陋习。

《专注力：如何高效做事》

在专注力越来越缺失的世界里排除一切干扰，学会专心致志地做事与生活。这本书将告诉你：

- 专注力在大脑中是如何产生的；
- 为何现在专心做一件事情如此之难；
- 如何在日常生活中重新集中注意力。

《坚毅力：打造自驱型奋斗的内核》

- 逆商理论创始人保罗·G. 史托兹博士又一力作，作者在本书中提出的是“坚毅力 2.0”的概念——最佳的坚毅力，它是坚毅力数量和质量的融合，即最佳的坚毅力是好的、强大的和聪明的坚毅力合体。
- 这是一本理论 + 步骤 + 工具 + 模型 + 真实案例分析的获得最佳坚毅力的实操书。
- “长江学者”特聘教授、北京大学心理与认知科学学院博士生导师谢晓非教授作序推荐。

《逆商：我们该如何应对坏事件》

- 北大徐凯文博士作序推荐，樊登老师倾情解读，武志红等多位心理学大咖在其论著中屡屡提及。逆商理论纳入哈佛商学院、麻省理工 MBA 课程。
- 众多世界 500 强企业关注员工“耐挫力”培养，本书成为提升员工抗压内训首选。

《逆商 2：在职场逆境中向上而生》

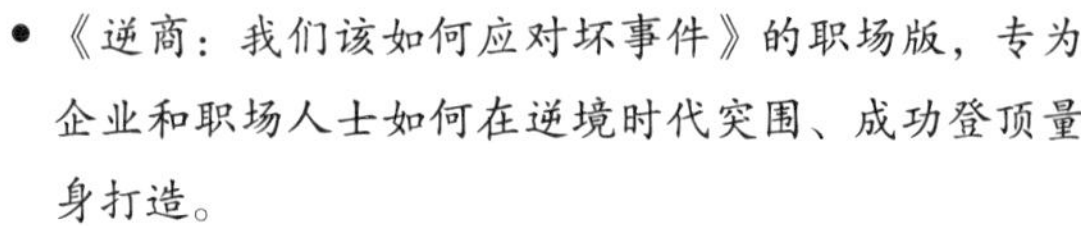

- 《逆商：我们该如何应对坏事件》的职场版，专为企业和职场人士如何在逆境时代突围、成功登顶量身打造。
- 哈佛商学院、卡耐基梅隆大学、麻省理工学院、欧洲工商管理学院等全球顶级院校分别将逆商纳入其MBA、领导力、高管以及年轻企业家的培养计划。
- 樊登读书会、冯仑、毛大庆、拆书帮、有书等知名人士和媒体鼎力推荐。

《与情绪和解：治疗心理创伤的 AEDP 疗法》

- 这是一本可以改变人们生活的书，书中探讨了我们可以怎样治疗心理问题，怎样从防御式生活状态变为自我导向、目的明确且自然本真的生活状态。
- 学会顺应情绪，释放情绪，与情绪和谐相处，让内心重归宁静，让你在受伤的地方变得更强大。

《情绪自救：化解焦虑、抑郁、失眠的七天自我疗愈法》

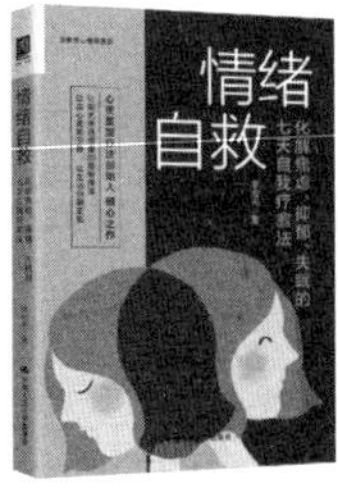

- 心灵重塑疗法创始人李宏夫倾心之作。
- 本书提供的七天自我疗愈法是作者经过多年实践验证、行之有效、可操作性强的方法。让阳光照进情绪的隐秘角落，让内心重拾宁静，让生活回到正轨。